廃仏毀釈とその前史

廃仏毀釈とその前史

檀家制度・民間信仰・排仏論

圭室諦成

書肆心水

廃仏毀釈とその前史

目　次

凡例

一、本書は圭室諦成著『明治維新廃仏毀釈』（一九三九年、白揚社刊行）の復刻新版である。本書の書名は、諸々の廃仏毀釈論における本書の特色を明示することを意図して本書刊行書がつけたものである。

一、附録として圭室諦成著『日本仏教史概説』（一九四〇年、理想社出版部刊行）の第一五章を巻末に収めた。（『日本仏教史概説』の第一四、一六、一七、一八章は『明治維新廃仏毀釈』が収める記述を大体そのまま再録したところが多い。）

一、本書では左記のように表記を現代化した。

一、新漢字、新仮名遣いに置き換えて表記した。（引用文とみなすべきものの仮名遣いはそのままに表記した。）

一、著者自身の文においては、現今一般に漢字表記が避けられる傾向にあるものは平仮名表記に置き換え、送り仮名を現代的に加減した。また、著者自身の文、引用文ともに読み仮名ルビを附加した。

一、著者自身の文においては、踊り字は「々」のみを使用し、それ以外は文字に戻して表記した。

一、著者自身の文においては、「いちに」と読む「一二」など、読点を補ったところがあり、また、読点を句点に変えて文章を整えたところがある。

一、〔　〕で括った注記は本書刊行所によるものである。

廃仏毀釈とその前史

檀家制度・民間信仰・排仏論

序

あらゆる宗教は、新しい日本の現実に、即応する姿勢をとることを、要請されて居る。仏教とても、決してその例外をなすものではない。かかる時機に直面して、今私は、小著廃仏毀釈一巻を、知識人、特に青年宗教人、の机上に送るの光栄をもつ。かつて廃仏毀釈の実況は、老僧達によって、悲憤慷慨を以て語られた。しかしかかる感情的饒舌は、少くとも現在においては、全く無意味である。吾々は虚心坦懐、排仏論、廃仏毀釈の過程を通じて示された、峻厳な批判、試煉を凝視、以て吾々の当面せる諸問題に関する教訓を、学びとらねばならぬ。すなわち社会経済的にみて、寺院、僧侶はいかなる点に弊害を醸しつつあったか、また、仏教は、宗教としていかなる点に欠陥をもっていたか、更に、いかなる点が非日本的とされたか、等々を反省、そして現在、吾々が、仏教を日本の現実に即応させるためには、吾等いかにすべきか、に思いを致さねばならぬ。私は、この小著が、かかる要求を、充分に満足せしめ得ることを確信する。

まず第一部、檀家制度の重圧においては、新寺院機構の確立、江戸幕府の宗教政策、諸藩の財政と寺院、の三章に分かち、主として社会経済史的観点より、江戸時代寺院、僧侶の性格を究明、幕末の諸藩によって、何故に寺院、並びに僧侶が、癌的存在視されねばならなかったか、を叙述した。

次に第二部、民間信仰の繁昌、組織化においては、宗教界に現れたる新動向、宗教寄生者群の登場、修験道の急旋回、教派神道の誕生、の四章に分かち、主として宗教史的観点より、江戸時代宗教の動向が、現世利益面にあったこと、その限りにおいて、仏教はすでに行詰りを示していること、つまり仏教の現世利益面は、山伏等によって、継承発展せしめられたこと、なおそれは、民衆が参加するに及んで、著しく日本化しつつあったこと、それらが組織されたものが、教派神道であること、を指摘した。

第三部、排仏論の展開において、儒者の排仏論、懐徳堂の排仏論、正司考祺の排仏論、平田篤胤の排仏論、神葬祭問題、江戸時代の廃仏毀釈、の六章に分かち、第一部、第二部に述べた如き社会事情、宗教事情の中に醞醸されたる排仏論は、はじめは主として、仏教の出世間性を、ついで、その封建社会に対する重圧を、俎上にのぼせ、更に日本主義の昂揚とともに、非日本的なものとして、排撃さるるに至ったこと、かくてその内容を、著しく豊富化した排仏論は、まず諸藩の当路者に歓迎され、ついで、神葬祭問題の解決に苦慮する神職の、理論的武器となったこと、すでに江戸時代、財政窮乏に悩める諸藩は、この理論を提げ、廃仏毀釈に着手していたこと、を詳説した。

第四部、廃仏毀釈の概観においては、神仏分離令の発布、廃仏毀釈の実況、封建的領有地の整理、思想善導機関への改組、陣容の再整備通程、の五章に分かち、幕末すでに発火点に達していた廃仏毀釈が、明治維新の混乱に乗じ、全国的に波及したこと、ただしそれは、必ずしも新政府の意図ではなかったこと、新政府の行ったものとしては、封建的領有地の整理、思想善導機関への改組、が注目すべきものであること、なお仏教自身が、新時代的に再組織されつつあること、を記述した。

廃仏毀釈については、辻善之助博士、鷲尾順敬博士、その他、伊東多三郎、豊田武、阿部真琴、徳重浅吉氏等が、幾多の貴重なる研究を、公にして居られる。この問題について、全く未知な私が、とにかく一応まとめ得たのは、それら諸研究のあったためである。謹んで敬意を表することとする。

圭室　諦成

第一部　檀家制度の重圧

第一章　新寺院機構の確立

一

中世初頭に新興した諸宗派は、社会の展開に適応する如く、その思想を発展させていた。そのことは寺院機構についてみても、また同様であった。しかしかかる適応化は、畢竟宗教自身の立場よりするものであったことを、忘れてはならぬ。社会には社会独自の立場がある。かくて近世社会は、その基礎を確立する過程において、仏教をその独自の鋳型にはめ込むことになった。以下這般の過程を、新寺院機構の発生、信長の仏教政策、秀吉の仏教政策、新寺院機構の確立、の四項に分けて略述してみる。

二

浄土諸宗が、その経済的基礎として選んだのは、葬式、法事による収入であった。しかし上層階級の葬式、法事は顕密諸宗、後には禅宗、の占むるところであったので、浄土諸宗は勢い農民の間に進出することとなったのであるが、またそこにも障礙はあった。勿論当時の農民の生活は、精神的にも物質的にも、恵まれた状態ではなかった。そのことは、浄土の教を欣求するすぐれたる条件であり、死後の幸福を保証する葬式、法事の魅力を大にするものでもあった。しかしながら国内の大部分の農民が、顕密諸宗寺院の私有地、または宗教的にその影響下にある貴族等の私有地内の農民であること、なおまたそれにもまして、彼等農民がかかる経済的優位によって、浄土諸宗に有利な、従って顕密諸宗に不利な信仰を敲き込まれていたこと、等を考慮に入れるとき、浄土諸宗のもつ魅力に憧れたからと言って、直ちに農民は動き得るものでないことが、理解されねばならぬ。しかし、次第に中世的な社会機構が破壊され、それとともに、農民に対する顕密諸宗寺院、及び貴族等の圧迫が弱まり、従ってその宗教的影響力が減退するに及んで、浄土諸宗の教義は迅速に受容れられ、従って葬式、法事料を財源とする浄土諸宗は、漸くその経済的危機を脱することを得た。一方中世末には、社会の解体に伴う不安が、農民の経済生活を脅威し、かかる不安を克服するために、農民が統治者に対して抗争を開始し、かかる抗争は、土一揆と称せらるる集団的運動にまで高められていた。そしてそれは、その途上に新たに、組織のための情熱と方法を必要とした。その場合、同じく農民を地盤とする浄土諸宗の信仰及び講が、その要求を充たすに足るものとして重視された。かくて農民運動の一部は、浄土諸宗、殊に浄土真宗の伝道圏内に入って来た。その時、政治的興奮を宗教的なものへ移行せしむることによって、その信仰を根強く農民の間に浸潤せしめ、また信仰集団の単位としての講の組織を、鞏固ならしめたものである。かくて講と寺院、更には講の構成員としての個々の農民と、寺院との関係は、急速に緊密さを加え、いわゆる檀家制度が成立した。また寺院相互の統属関係を規定せる本末制度も、末寺は本寺を信仰及び栄誉の源泉とし、本寺は末寺を介して信者の浄財を集めるという組織が、決定的となりつつあることが注意されねばならぬ。要するに、浄土諸宗は葬式、法事を中心とする檀家制度を確立、更にその上に本末制度を樹立しつつあったのである。

同じく中世初頭に新興した仏教と言っても、禅宗の経済法は、浄土諸宗のそれとは趣を異にしていた。即ち生活を切り下げること、そしてそれを、無条件に支待する擁護者の支弁に頼らんとするのであった。しかし無条件の支持を俟つ限りにおいて、飢餓をも敢えて意としない熱烈な求道心を必要とする。だがしかし、それは凡僧のよく忍び得るところではなかった。かくて禅宗も、次第に現実社会の要求に対応する形態をとることになる。ところで当時この宗に関心をもった武士は、宗教的にはそれを菩提所兼祈禱所に改組することを希望したので、結局において、かかる方向に移行することを余儀なくされている。菩提所というのは、葬式、法事及び墓地管理等の、一切をあげて依頼するとともに、一方寺院経営費のすべてを負担する、一家の私寺である。

顕密諸宗の場合は如何。それら宗派に属する寺院は、中世初頭には尨大な私有地をもっていたが、武士のために、それらの土地は次第に侵略された。その場合勿論、僧兵と称せらる軍団を以って、反撃はしたものの、すでに武士の実力には比すべくもなく、またかつては武士をも威嚇した独自の宗教的武器も、浄土諸宗の進出によって壊滅に瀕していた。かくて守護地頭の設置、吉野時代の争乱、応仁の大乱等を、それぞれ段落として、私有地は次第に武士の手に奪われた。しかし私有地の離脱が、かくの如く徐々に行われたことは、不幸中の幸であった。何となれば、顕密諸宗は、この間に、彼等の経済法を切替うる余裕をもったからである。かくて種々の経済法が、次々に取上げられた。しかしここにおいても、結局葬式、法事は、その王座を占むるものであった。

要するに中世的寺院機構崩壊の中に、新社会に適応する陣容を、最も迅速に樹立したのは浄土諸宗で、禅宗これにつぎ、顕密諸宗は最も稚拙であった。しかしてかかる新陣容の中軸をなすものは、葬式、法事であった。従って、中世における葬式、法事の発展は、注目に値いするものがある。いま法事についてみれば、中世の初めまでは、わずかに中陰、百箇日、一周忌の法要きりで、しかも上流に限られていたのに、中世末ともなれば、現在普通に行われて居る三年忌、七年忌、十三年忌、十七年忌、二十五年忌、三十三年忌、五十年忌等の法事の型はほとんど完成し、しかも農民の間に広く行われるに至って居る。更にこの葬式、法事を介しての寺院と武士、また寺院と農民との関係は益々緊密化し、その緊密さはすでに寺檀の関係にまで進んで居る。なおかくの如く寺院の経済が、土地を離れて檀家に依存するに至ったところに、中世的な本末制度――本寺は末寺の私有地を保護するとともに、末寺を私有地と同一視し、末寺をしてその私有地の年貢の一部、又は全部を納付せしむる組織――が破壊されて、近世的な本末制度――本寺は末寺及びその檀家の、信仰及び栄誉の源泉であるとともに、末寺を通じて檀家の浄財を集むるという組織――が成立し始めて居ることが注意されねばならぬ。

三

寺院は近世社会の発生過程において、それ自身近世的に再組織しつつはあった。しかし私どもはここで、かかる再組織には、一定の限界――それは結局宗教家という立場から離れ得ないことからする――があって、従ってそれは、社会全体の事を考慮する政治家の意図に、必ずしも合致するものでないことを知って置かねばならぬ。つまり近世初頭に登場した統一者、信長、秀吉、及び家康は、それ自身近世化しつつはあったが、しかもなお社会全体の立場から見れば、多くの修正を必要とした寺院機構を、それぞれの発展段階の立場において、それぞれ新しい修正を加えて行くことに努力したのであった。まず信長の仏教政策から述べてみる。

信長の仏教政策は一体どんなものであったか、そのことを充分に理解するためには、当時の仏教界の情勢に、一瞥を与えて置く必要があると思う。信長の目標とするところは天下統一、そのためには、彼に対立する一切の封建的勢力を打倒することが必要である、ところで寺院は、かかる封建的勢力をもっていた。勿論当時の南都北嶺のもつ武力、経済力は実際に大したものではなく、ただ伝統的に虚勢を張って居るに過ぎなかった。が、かかる虚勢が、社会一般の人々から、実質以上に認められていたことは事実である。しかして統一者達の、最も怖れていたのは、一向一揆であった。既に南都北嶺の僧兵は、その組織において、また情熱において、往時のそれと異り、全く見るべきものはなかった。それに反して浄土真宗は、農民の信仰を集め、しかもそれら農民は、講の組織によって、本願寺門主を最高統率者とする、整然たる封建組織によって、統率されていたのである。この熱烈な信仰と鞏固な組織は、天下統一を目指す信長にとっては、最も恐るべき敵国であった。これを要するに信長は、仏教陣営内に二つの敵国、即ち南都北嶺と一向一揆とを発見、特に後者にその関心を集中させていたのである。かかる周囲の事情において、彼はキリシタンを迎えた。しかもそのキリシタンは、西国においての実例に徴すれば、今彼が焦慮している一向一揆、その地盤であるところの農民、への伝道に成功している。とすれば、彼が打倒工作の第一歩として、キリシタンと握手することは必然ではないか。即ち永禄十二年（一五六九）キリシタン禁制免除を奏請して居るのをはじめ、会堂の建設、牧師の歓待など、その保護は全く至れり尽せりであった。天正七年（一五七九）の統計によれば、信者の数十五万人にも達していたとされて居るが、この数字を考える場合、信長の努力を考慮に入れることを忘れてはならぬ。かくキリシタンを保護して、宗教的に仏教陣営の攪乱を策するとともに、他方仏教を弾圧することに着手、まず元亀二年（一五七一）には、叡山の焼打を断行して、僧俗男女千六百余人を斬り殺し、天正二年（一五七四）には、尾張長島の門徒を退治し、老若男女の別なく三、四万人を鏖殺《おうさつ》、翌年には、越前の本願寺一揆を討伐、また三、四万人を殺獲し、府中の町は累々たる死骸で、あき所もなきまでに至らしめた。この勢を以て天正四年（一五七六）には、その本拠大阪の本願寺を討ったが、それは結局成功せず、天正八年（一五八〇）勅令を請うて媾和して居る。しかし本願寺が、永年の戦争に疲弊して、これを機会に手を引いたので、信長としてみれば、統一途上の障害を、ともかくも除き得たわけである。

四

秀吉の仏教政策をみるに当って、すでに信長が、寺院のかつて持っていた封建的威力を、すっかり敲きのめしてしまって居る事実を、思い浮べて置いて欲しい。つまり秀吉が受取った仏教というものは、軍事的、換言すれば、自衛的能力を剥奪されていたものであった。従って彼は、仏教を近世社会に適応する如く、自由に改編すること、つまり封建的威力の経済的基礎であった土地を大規模に取上ぐることも、近世社会への統一工作に思い切って利用することも、意のままであったのである。かくの如く、仏教が完全に自己の支配下に入った以上、最早仏教弱化のためのキリシタン保護は無意味となった。しかもキリシタンは、次第にその反封建性をあらわにしていたし、それに封建社会は、それ自体の迅速な展開とともに、かかる異端的思想を大きな障害として受取りはじめ、断乎たる処置をとることを、絶対に必要としていたのであった。更に直接的、具体的には、キリシタンが一つの政治的反対勢力となり、またポルトガルやスペインの日本侵略となり、それが反対派諸侯に結合するであろう危険があった。かくて秀吉はキリシタンを禁制したのであった。

　閑話体題、信長が軍事的威力を破壊した後をうけて、秀吉は、寺院私有地を検地の名目のもとに没収した。かくて寺院の有《も》てる中世的威力は、根こそぎ剥奪されてしまうことになる。ところで検地は、それまでにも租税徴収のための、また封地給与のための、基礎的調査として、しばしば行われて居る。即ち戦国時代に、今川氏や北条氏等がその領国に行って居り、ついで信長は、山城、大和、河内の畿内諸国で実施して居る。しかし秀吉の行った検地は、それまでのものとは比較にならぬ程大規模であり、また精密であり、そして苛酷でもあった。

　寺院私有地の検地に際して特に注目すべきことは、一旦すべての土地を没収し、改めてその一部を寄進の名目で、返却して居ることである。たとえば高野山に就いてみれば、五万石に相当する土地を没収して、その約五分の一を寄進して居り、なお日光山満願寺の場合は、これは少し眉唾ものではあるが、十八万石の土地を没収したのに対し、寄進したのはわずかに六百石に過ぎなかった。かかる秀吉の私有地没収によって、寺院の経済力は全く無力化してしまったのである。江戸時代についての計算によれば、朱印地、黒印地、境外除地の総高は、神社領を加えて六十一万二千九百余石、全国の総石高三千数十万石のわずかに二パーセント、寺院領だけとすると一パーセント強にすぎぬ。中世初頭、寺院領が数十パーセントを占めていたのと対比してみるが宜しい。勿論寺院領の減少は、前にも述べたように、中世を通じて行われたのではあるが、それに最後の一撃を与え、全く無力化したのは、何と言っても秀吉である。

秀吉は寺院の経済力を奪う一方、これを統一のために利用して居る。よく秀吉の寺院保護の引合に出される寺院の再興、造営にしても、かかる彼の政治的意図から一歩をも踏み出して居るものではない。なる程彼は叡山、高野、本願寺、興福寺、その他の寺院の、再興を援助して居る。しかしそのために、彼は一体どれだけの経済的負担をして居るのであろうか。まず彼が、政治上の関係から最も尽力したと思わるる本願寺の場合について考えてみる。なる程大阪天満の堂舎を造営して居る。しかし京都移転に際しては、六条の寺地を与えただけではなかったか。また高野山についてみても、生母天瑞院の菩提所として青巌寺を建てた時に、一万金を寄せただけではなかったか。四天王寺の場合の寄進に至っては、僅々五百貫文ではないか。これ等二、三の例を以てみれば、彼が寺院再興に対して寄進した額は、彼の没収した旧寺院所有地の収入年額の数十分の一にも達しなかったであろうと推定し得る。しかもこの小額の支出によって寺院の不満を緩和し、天下の人心を収攬して、彼の意図する統一工作を円滑ならしめて居る。

方広寺の創建にしたところで同様である。高さ二十五間、桁行四十五間余、梁行約二十間と言えば、なる程宏壮な伽藍である。しかしこれに要した費用の大部分は、彼の懐中から出たものではない。たとえば木材及び用石は大名、努力は農民その他の課役、というように。なお注目すべきことは、大仏造営と並行して、刀狩を行っていることである。即ち布令によれば、「諸国百姓等、刀、脇差、弓、鉄砲、その他武具の類所持候こと、堅く御停止候。」「右取り置かるべき刀、脇差、ついゐにさせらるべき儀にあらず、今大仏御建立候釘、鎹に仰せ付けらるべし、然れば今生の儀は申すに及ばず、来世までも百姓相助かる儀に候こと。」（小早川家文書）とされている。つまり方広寺の釘、鎹にするという名目で、農民の刀狩りを行っているのである。この刀狩が厳重に行われたことは、加賀江波郡一郡にて、「刀千九十三腰、脇差千五百四十腰、槍身百六十本、かうがひ五百、小刀七百。」（溝口文書）を没収したることから、また全国的規模において行われたことは、「出羽、奥州、その外津軽までも百姓の刀、武具狩をなし、検地以下仰せつけらる。」（吉川家文書）の言葉によって推察出来る。溯って、一体なんのために彼は刀狩を断行したのか。「その仔細は、入らざる道具を貯へ、年貢所当を難渋せしめ、自然一揆を企て、給人に対し非儀の働きをなす族御成敗あるべし。然らばその所の田畠不作せしめ、知行ついゐになり候間、その国主、給人、代官等をして、右の武具ことごとく取り集め進止致すべきこと。」（小早川家文書）の如く、土地制度の改革により、頻発の危険ある百姓一揆を防止するため、また「当寺のこと、只今新しき御建立と存ぜず、寺領を収めらるることに宿意を含み、自然の時節凶徒等深山の切所を頼み、干戈を起す族出来すべきか、所詮いよいよ剣、刀を狩る。」（高野山文書）の如く、土地没収に対する寺院の反抗を阻止するところにあったのである。これを要するに、新制度に対する不満によって暴動が起るかも知れぬ。そのためには武器を取上げて置くことが絶対的に必要である。その場合、これら信心深き農民、僧侶に対する口実として、大仏建立の釘、鎹にするということを考え出した。つまり賢明な秀吉は、自分の財布をいためずに、寺院の再興、創建に協力し、しかもそれによって、彼の統一工作を進行せしめているのである。

第二章　江戸幕府の宗教政策

一

信長は寺院の軍事的威力を、秀吉はその経済的威力を破壊した。つまり寺院のもてる中世的威力は、近世初頭に相ついで登場した二大政治家によって、全く無力のものとされた。そして、すでに秀吉は土地の再寄進、堂塔の修造等の方法によって、寺院を近世的社会機構の中に織込む建設工作をはじめている。しかしかかる建設工作の完成は、家康を初代とする徳川幕府の手を俟たねばならなかった。かかる幕府の政策は、その諸大寺院に下した寺院法度等の宗教関係法令の中に窺われる。それらによれば、檀家制度の強行、本末関係の確立、僧侶の身分的な固定、寺格の制度、修行方法の規定等、相当広範囲に亘っているが、ここにはその中で最も典型的なものとして、檀家制度の強行、本末関係の確立、檀家制度の弊害、について述べてみる。

二

檀家制度を強行したと言ったところで、まず第一に檀家制度とは一体どんなものであるか、つまり定義を決めてかからねば模糊たるものとなる恐れがある。と言うのは、自ら生産部面を担当しない仏教教団のほとんど全部は、大なり小なり、また直接間接、そのパトロンを要するので、すべての教団は、広義の檀家制度の上に立つことになるのである。しかし今問題にしている近世の檀家制度は、そんな広義のものではない。檀家の側より言えば、一家の葬式、法事等の諸仏事、墓地管理等の一切を依頼する寺院、また寺院の側より言えば、諸仏事の依頼に応ずる代りに、諸仏事料は勿論のこと、堂塔の建築、修復、その他、直接間接、経営費の分担に応ずる檀越、こうした関係を、近世においては、檀家制度と言って居る。そしてこうした意味に局限すれば、檀家制度の源流はそれほど古くはない。つまり前に述べた葬式、法事の発生過程、詳言すれば、中世社会の崩壊とともに、荘園による寺院経営が不可能になったので、近世社会の発生過程に対応して発生した、葬式、法事に結びつくものである。強いて求むれば、真宗教団の講、禅宗寺院にみる菩提寺、の制の中等に、その萌芽形態をみることが出来るが、はっきりした形であらわれるのは、中世もずっと終りであるようである。かようにして自然に発生した檀家制度を、徳川幕府がとり上げて強行したというわけである。それは一体どんな理由に基づくのか。この問題も、近世初頭における他の仏教諸問題と同様に、キリシタンの問題と結びついている。つまりキリシタン禁制の一方法として用いられた寺請制度と関係をもつものである。

寺請制度は、慶長十八年（一六一三）京都のキリシタン掃蕩に当って、転宗者より改宗の証拠として寺院僧侶の判形をとった事に起源する。その後次第に、単に転宗者に限らず、一般の人々にも適用する事になり、殊に寛永十四、五年（一六三七―八）の島原乱以後強化され、幕府は先ず宗門改役を設け、ついで諸藩にも置くようになって、身分職業の如何を論ぜず、全国一斉に施行する事になったのである。宗旨人別帳の制度も、同じくキリシタン禁制の一方法として採用されたもので、初めは寺請と無関係に作成されたものであるが、後にはこれと合流して寺院が所属檀家を一括して、請判を押す様になって居る。つまりキリシタン禁制の結果、近世の民衆は、寺請手形を得るために、檀那寺を定めて置く事が、絶対に必要になったのである。要するに徳川幕府は、キリシタン禁制のために、檀家制度を強行する事を必要としたのである。

その結果、寺院は監察機関として、近世封建社会の支配機構の中に、再組織されたわけである。

三

本末制度が、この時代にはじめて確立したと言えば、或いは奇異に感ぜられる向きがあるかも知れぬ。しかし現在私どもが、本末制度としているものの内容は、この時代に確立したことは事実である。なるほど上代にも、本末制度はあるにはあった。がしかしそれは、地方の群小寺院が、その私有地の保護を中央寺院に求め、中央の寺院は、土地を保護する代りに、一定の年貢を納付させる、という純然たる政治経済関係にもとづくもので、従ってそこにおいては、宗派などは全く問題にされていなかった。無論私は、現在の本末関係に政治関係なし、と断定するものではないが、しかし現在において、本末関係を決定する基本的なものは何かといえば、法流師資の関係である。こうした法流師資による本末制度は、檀家制度と同じく、近世封建社会の発生過程に対応して発生したものである。徳川幕府はこの自然に発生した本末制度をとり上げた。即ち諸宗法度に、本末の規式を守るべきことを定め、その違犯者には厳罰を以て臨んで居る。本寺のない寺院は、住職の相続を許可せず、廃寺にさえした。また寛永九年（一六九二）と元禄五年（一六一三）の両度、全国の寺院に、本末帳の作成と、その提出を命じている。そしてこれを以て、全国に分散する寺院の所属を定める唯一の典拠とした。ところで幕府は、何故に本末関係の確立に努力したのであろうか。それは仏教寺院を、近世社会機構の中に、巧妙に再編成するためであった。つまり無秩序に散乱する無数の寺院、それを封建的体系下に統制するためであった。その方法は、本山、本寺、中本寺、直末寺、孫末寺等の上下統属関係を設け、本山を幕府の隷属下に置いたのである。かくて、檀家制度の強行によって、寺院を監察機関として組織した幕府は、ここに本末制度を通じて、それら寺院を、自分の意のままに動かし得るように統制して居る。

それ自体近世化しつつあった仏教は、統一途上の為政者の手によって、その中世的残滓の放擲、近世的体統制の完成を強行され、新社会機構と緊密に結合する宗教として更生した。しかしかかる制度は、幾多の弊害を醸し出した。かくて次に来るものは、それは排仏論の擡頭ということになる。

四

檀家制度の強化は、寺院にとって極めて有利であった、がしかしその反面に、民衆にとっては尠《すくな》からざる打撃であった。史実について見る。世間に、徳川時代に持てはやされた、慶長十八年（一六一三）五月宗門寺檀那請合の掟、というものが伝っている。しかしこの掟は、その中に見ゆる不受不施派、及び悲田宗の禁止が、実は寛文五年（一六六五）及び元禄四年（一六九一）の事件であるので、従ってそれ以後の偽作であることは明らかであるが、それにしてもこの掟は、その偽作当時における、一部僧侶の露骨なる意志表示として、興味ある文献である。

それに、「切支丹宗にもとづく者は、釈迦の法を用ひざるが故に、檀那寺の檀役を妨げ、仏法の建立を嫌ふ。よつて吟味を遂ぐべきこと。」「頭檀那たりとも、その宗門の祖師忌日、仏忌、年頭、歳暮、盆、彼岸、先祖の命日等に、絶えて参詣せずんば、判形を引き、宗旨を役所へ断り、きつと吟味を遂ぐべきこと。」「檀役を勤めず、しかも我意に任せ、宗門請合の住持の言葉を用ひず、宗門寺のことを身の上相応に勤めず、内心邪法を抱きたるを不受不施といふ。心得あるべきこと。」「親代々より宗門寺へもとづき、八宗九宗いづれの宗旨に紛れこれなくとも、その子いかなる勤めにて、心底に邪法を与し居るに知れず、宗門寺よりこの段吟味を遂げ、かねて仏法を勧め、談義、講釈、説法をなして参詣致させ、檀那役を以てそれぞれの寺の仏事、修理、建立を勤むべし。邪宗は、宗門寺の交り一通りにして、内心を用ひず、僧の勧めを用ひず、よつて吟味を遂ぐべきこと。」「死後死体に剃刀を与へ、戒名を授け申すべきこと。宗門寺の僧死相を見届け、邪宗にてこれなき段、慥《たし》かに合点の上にて、引導致すべきためなり。よくよく吟味遂ぐべきこと。」等の条々が見える。これのみを以てしても、檀家制度がいかに悪用されつつあったか、を大体推察することが出来る。かかる幕府の保護を笠に着る僧侶の専恣は、民衆に対して、更に露骨に、一種の脅迫とさえなってあらわれている。「葬式の施物をねだり、或は戒名に尊卑を作り、みだりに民財をとりて、院号、居士号等を許し、種々の姦猾止むことなし。」（芻蕘録）「祠堂金を貪り、或は布施をねだり、葬礼を延引させ、百姓、町人迷惑に及ぶこと、江戸にてはあまり聞き及ばず候へども、在方にては度々あることなり。」(新政談)「もし寺主の存念通り出金せずんば、死亡のとき引導致さず、三日も五日も延ばす故、これを思ひてやむ事なく、借財して納むるなり。」(経済問答秘録)「今切支丹の寺請に貧なる者は迷惑し、貧にあらねど少し目明きたる者は、気の毒に思い居れり。その故は、貧なる者は、出家に金銀を与へざれば、寺請に立たざる事を迷惑し、目の明きたる者は、不義不作法の出家なれども、是非なく檀那とする事は気の毒に思へり。」(大学或問)等々、かかる文献の徴証は枚挙に遑《いとま》ない位である。一部僧侶がかくの如く檀家制度を濫用して民衆を誅求したために、寺院全体が、民衆の反感怨嗟を買うこととなった。

かかる檀家制度を通じての、寺院経済の民衆に対する圧迫は、近世末に近づくとともに、益々加重されたものであるが、当時すでに財政上の危機に直面していた幕府、諸藩にとっては、より重大なる脅威として受け取られた。元来この時代において、幕府、諸藩の財政的基礎は、農民の貢租の上に置かれていた。そしてそれは、いわゆる封建地代と称せらるるもので、その税率は、形式上はとにかく、実質的には一定の制限があったわけではなく、結局全余剰を納付せしむるものであった。かくて彼等は、農民の全余剰を確保するために、農民の衣食住その他に対して、厳重に、いわゆる経済外的強制を行ったものである。その場合、寺院に対しても、決して寛容ではなかった。たとえば代官の心得書の中に、次の如き条々を見出すことが出来る。

「村の格合より寺数多きは富貴なり、たとへば五百石の村に、壱箇寺ばかりを以つて可なり。」「寺数は多くとも、寺居の宜しきは富貴なり。但し寺数多くとも、その居体人数の渡世を以て考ふべし。」「百姓心得て、寺数を少くして、寺居も悪しくするといふとも、墓所を見て知るべし。墓所は、上人、万人、真実の所なれば、手前宜きものは、石台など念入るるものなり。」「寺社の修理、或いは諸勧進、または屋作りに心付くべし、ならびに年忌、月忌の仕やう、或ひは何辺の神の開帳など、心付くべし。」「富貴の所に諸勧進多く、貧なる村に夫婦の諍多し、四壁薄し。」（地方支配）等、ここに幕府、諸藩が役人を督励して、血眼になって農民の生活状態を調査しつつあったこと、また当時の農民が、多少の余裕でもあればすぐさま、寺社の新築、修理、寄進、勧進、葬式、法事等に、財を尽していたこと、更に幕府、諸藩が、かく農民の寺院への直接、間接の献金を喜ばず、直に租税を増徴しつつあったこと、を察することが出来るであろう。次の一挿話は、かかる点についての理解を助くるものであると思う。元来越後の高田領内は、浄土真宗の地盤であるが、そのため農民の寺院に対する献金額が多く、藩の徴税に支障を生ずる場合も少くなかった。そこで藩主は、ある年本願寺の上人が親化することになったのを知るや、一策を案じ、予め巨額の御用金を農民に課した。従って本願寺の上人が親化しても、農民は極めて少額の献金しか出来なかった。いよいよ本願寺上人京都帰着の報を受けとり、藩主は、御用金の名目で農民から取上げて置いた金を、全部農民に返却したというのである。

この一挿話によっても、幕府、諸藩が如何に、寺院の経済的圧迫に脅威を感じ、これが対策に腐心しつつあったかが窺われる。かかる点から、幕府諸藩の宗教政策、即ち寺院建立禁止、勧進等の制限、奢侈の禁止、肉食妻帯の禁止、等々を理解することが出来る。たとえば僧侶の奢侈を禁止する現実的根拠は、「僧徒倹約なれば、寺用減ずる故、民の出金減じて、民の利潤となる。」（経済問答秘録）であり、僧侶の肉食妻帯の禁止も、「昔の仏者は、多くは酒肴を忌み候へば、造作は今の半分もいらず候。」（集義外書）という点にあったのである。修道生活の堕落及び戒律生活の荒廃は、この時代の文献に多くあらわれているところであるが、それを以て、この時代における堕落が、相対的に甚だしかったと考うるよりも、何が故にそのことが、特にこの時代に問題にされねばならなかったか、と考うることが、問題の正しい提出の仕方であると思う。

第三章　諸藩の財政と寺院

一

前章において、江戸時代宗教政策の根幹をなす檀家制度が、いかに幕府、諸藩、民衆に重圧を感ぜしめたかを吟味した。ところで江戸時代、及び明治維新における廃仏毀釈は、幕府によって行われたのでもなく、また新政府によって行われたのでもなく、さりとて農民や町人、によって行われたのでもなかった。主としては諸藩によって遂行されたのである。何故諸藩は、しかく廃仏毀釈を断行したのか、そのことの理解のため、特に焦点を諸藩に置いて、それが、寺院、僧侶にいかに脅威を感じていたかを、正司考祺の経済問答秘録について検討してみる。

まず諸藩の経済的基礎となったのは、知行高である。諸藩はそれから幾何の財政収入を得ていたか。まず知行高の過半は、その家臣団に知行として与えているので、従って藩の実際の歳入となるべき蔵入高は、半分以下のものが多かった。この蔵入高から四公六民、五公五民、即ち四割ないし五割の率で徴収される年貢が、藩の歳入の主要部分であり、そしてそれは、大体において固定的であった。

他面その歳出はどうか。それは、常に歳入以上に増加する傾向をもっていた。それは、諸藩が、参勤交替制度によって、二重生活を余儀なくされていたことに基づいている。つまり、諸藩の在府及び往復の旅行に消費する金額は、莫大なものであり、特に江戸における藩邸の支出は、全歳出の半ば以上を占めたといわれている。しかも時代が下るとともに、江戸における生活は向上し、一方物価もまた騰貴したので、従ってその生活費はいよいよ膨脹し、ひいてその風は国許にも及んだので、藩の歳出は年一年と増加し、その点のみからしても、結局藩の財政は、一歩々々破局に導かれていた。固定的なその収入、年とともに増加するその歳出、従ってその調和は、初期にすでに破れていた。

かかる財政を、とにもかくにも、弥縫して行く方法、それは結局農民を苛斂誅求することを措いて他になかった。かの東照宮の御上意として伝えられる、「郷村の百姓どもは、死なぬやうに、生きぬやうに合点致し、収納申付くるやう。」（昇平夜話）また、「胡麻の油と百姓とは、絞れば絞るほど出るものなり。」（西域物語）の言葉、ともに這般の消息を示すものである。

ところで農民はどうか。「たとひ上より慈仁を垂れ給ふとも、かへつて僧徒に加勢となるより外なし。その土に居ては、新穀すでに収むれば、まづその君に貢するは人道なれども、初秋には初穂として寺に納め、租税遅滞する者には、里正より二度三度債を責むれば、うらめども、寺に納むるは怨みとせず、ある邦に徳政のやうなる令下れば、庶民、渡りに舟と、親を葬り、子を葬り、或いは病饑をすくはれし旧恩を忘れ、義理も作法も打棄て、その財を寺に寄進し、或ひは御室をもとめ、」「たとひ君家窮迫といへども、民間より自ら好んで金を献ずる者は、万人に一人もあらんか。皆官吏より猛責によりて納むと見ゆ。農民ども少し穀をあませば、本山に詣り、或ひは夏は麦、大豆、四時の菜菓、懈らず僧にあたゆる」という有様であった。かくて財政窮乏に悩む諸藩は、寺院を正面の敵として、監視の眼を見張らざるを得なかったのである。

二

寺院は、どれだけ諸藩の経済を圧迫していたか。まず諸藩として最も痛痒を感じたのは寺院、仏教を通じて、藩内の金銀が藩外に流出することであった。それについて、正司考祺は次の如く報告して居る。第一は、僧侶の修学費、住職納金である。

臨済宗。宗派により、それぞれその本山である妙心寺、大徳寺、その他京都、鎌倉の五山で修行、ついで行脚、遍く天下の知識に参学、後本山に止り、和尚号を獲得するのであるが、その費用は、三十両ないし五十両である。中には、中国あたりまで行脚、叢林にて四、五年修行して、住職となるものもある。これだと経費は少くて済む。住職となるための納金、長老紫衣格は千五百両である。

曹洞宗。小僧の時より出国、遍く天下の知識に参学、長老となるのであるが、その間の費用約二十両。この場合も切りつめた修学方法をとれば、十二、三両で済む。長老では住職になれぬので、和尚の資格をとらねばならぬ。それには永平寺、総持寺に往き、一夜住持と言いて納金四両。次に京都に往かねばならぬ。謝礼五両。その他衣服、旅費が約二十両。合計約三十両。結局一人の住職となるまでに五十両、少くとも四十一、二両の金を、藩外に持ち出すことになる。

黄檗宗。惣本山は、宇治の黄檗山。その他、大寺院としては、小倉の福寿寺、長州の東光寺、因州の教禅寺、仙台の大年寺、江戸の瑞聖寺、海福寺等である。まず行脚、これらの寺院において、知識に参学、後重ねて宇治に往き、住職資格を得るのであるが、その場合の納金を別としても、二、三十両は必要である。

天台宗。みな延暦寺に入る。ただし最初武州河越仙波の学寮に入り、七年間修学、しかる後叡山に上り、研鑽すれば、その年功によって紫衣の院家となり、探題、僧正にまで上ることが出来る。はじめの間は、旅費若干を必要とするが、後は努力によって進むので、藩から金を持出す必要はない。特に仙波の学寮には、肥前僧のための奨学金が設定されて居るので、永代無給で修学することが出来る。

真言宗。古義派。高野山にて二、三年修行、法印となる。その間の費用約七両、旅費、衣服費約三十両、嵯峨御室に納める官金三十両、その他雑費五十両ないし七十両、従って住職になるまでに、百数十両の金子を、藩外に持出さねばならぬ。新義派は、京都智積院、大和長谷寺において修行、住職となるのであるが、費用は古義派同様莫大である。

浄土宗。増上寺、小石川伝通院、下谷幡随意院、深川霊巌寺、本荘霊善寺、鎌倉光明寺、下総大巌寺等において、十年、二十年修学、それら寺院の添書をもって、京都智積院に往き、上人号を受ける、納金十七両である。

日蓮宗。京都本圀寺、十八檀林、池上本門寺、甲州身延山等において、十年、二十年、三十年と修行する。長く修行すればする程、立身出世が出来る。ただ普通には一通り修行して廻れば、住職して上人と号し得る。諸費用は、他宗とほぼ同様である。

浄土真宗。東本願寺、西本願寺、仏光寺、専修寺、錦織寺等の諸派があるが、なかんずく有力なのは東西本願寺である。九州には西本願寺派が多い。住職の納金は巡讃院家は千両、内陣は六百両、余間は四百両、檜椽は百二十両等々である。すべて本願寺に納めるのである。その他巡官仕官といいて、一代の中、六百両を三度、つまり千八百両納むれば、その寺院は永代住職のための納金を免除されるが、それでも、住職する場合、本願寺へ往復するだけでも、二、三十両は必要である。また一国に一寺ずつ、本山より進退役というものを置いて、服色に上下を立てて、金をとって居る。

修験道は、修行する場所が、全国に六箇所、つまり大峰、金剛山、富士山、湯殿山、英彦山、羽黒山である。九州の山伏の修行するのは、英彦山と大峰である。英彦山は大峰に比べれば、雑用十分の一で済む、しかし当藩では、大峰で修行することになって居る。大峰にて修行、京都三宝院に納金、大越家、大先達の官を受くるのであるが、万事金次第である。近頃、山伏上席を羨み、大先達となる者が多くなった。初度は約三十両、先達となるには、三十両、四十両を必要とする。

三

かくの如く、僧侶の修学費、住職納金として、貴重なる金銀が、藩外に流出する。のみならず、寺院から、京都その他藩外の商人に支払う金額は、莫大である。すなわち仏像、仏具、経典、法衣等、すべてみな、藩外から購入するものである。たとえば、真宗寺院には、御影伝というものがある。祖師一代のことを描いたものであるが、懸物三幅の代金六、七十両もする。どんな貧乏寺院でも、これを買うために、農民から寄附を集めて居る。また法衣代の如き、一国凡そ四、五千両、ないし八、九千両にも達するのである。それら全部を合算すれば、莫大な金額に達する。

次に信者についてみる。まず本山への献金である。このことは、真宗の場合に殊に著しいことであった。元来この宗派には、早くから講の組織が、整備されて居り、それぞれの講では、毎年醵金して、本山に献納していた。「このこと、本山にて勧むるにあらざる由、その郷に、信者といふ凝固の者より、催すところなり。少しの凶作には、検見を願ひ、邑用には、一銭をおしみ、本末を知らず財散す」るというのである。

また農足は、少し作柄でも宜しいと、早速本山参りを計画した。往復の旅費、在京中の費用、そして本山への献金、容易ならざる額である。「今時の農民は、すでに穀十俵をあませば、直に上京して、案外に旅金を費し、一生これがために、困窮する者寡からず。また本山の上人に相見すれば、金百疋なり。皆相見す。百疋は米一俵代なり。農業して米一俵を残せば、仲々のことなれども、更にこれを惜まず。別して肥後、日向のものども、春に至れば、二、三十人づつ同行と見ゆ。」と。

かくの如く本山への直接、間接の献金の他、寺院の場合と同じく、仏像、仏具は、京都その他藩外の商人から買うのである。真宗の檀家では、黄金を鏤めた仏龕を、御室と名づけて、どの家にも安置して居た。その値段は、四、五両から四、五十両位までである。その中には、弥陀画像を安置してある。それも代金百疋である。

四

次に寺院は、国内的にどれだけ、一藩の経済を脅威するものであったか。寺領、葬祭、法会、修築を通じて、農民の金銀は、寺院に流入するのである。

寺領は、江戸時代と、それ以前と比すれば、二十分の一にも、三十分の一にも、減少して居るが、それすら問題とされているところに、江戸時代末における、諸藩の財政窮乏の、深酷さを偲ぶことが出来る。しかも、寺領の介在は、種々厄介な問題を発生せしめた如くである。たとえば、「僧徒は柔弱故、農民ども少しの凶作にも、定額減耗を請ふ。公領の民はこれを羨み、上をうらむ気自然と生じ、或ひは課役の多少を互に羨み、或いはあぜ、さかいを争ひ、万事につけてやすからず。」「僧徒も、わが領内に役夫ある故、その身は遊惰にして、いささかのことにも、人を使へり。……余が近郷に、一里余の険山の頂に寺あり。麓の村里より農民ども、飯米、塩、味噌、菜、菓、一封の書状等まで、炎熱、雲中を厭はず、毎日運び登ること、一年に凡そ六百人にも及ぶべきか。民力の費実に慨然たり。小僧一人加はり、客一人ありても、民の支体を苦しむるにあらずや。」である。

次に葬式、法事は、寺院経済の大宗を占むるものであるが、それ自体は、社会の良風美俗の維持に貢献すること大である。従ってそれに伴う弊害に対してはとにかく、葬式、法事そのものには、著しく寛容であった。今法事についてみる。「西国の者は、家系断絶して、位牌の置きどころもなき者は、やむことなく寺に頼めども、子孫相続の者は、たとひ三枚敷の荒屋といへども、自宅において親族を迎へて祭れるは、よく体を知りて、上方にまされる人倫の道、正しき風俗なり。また茶講と名《なづ》けて、逮夜に豆を煮て、近隣の婦女を招くは、関東にも、上方にもなきことなり。これも祖先を忘れず、隣家親睦の道にて、最も国風の美とすべし。」として居る。ただし、「蓄財の家は、僧を多く招くを孝と思ひ、他宗の僧まで招待して、美饌を設け、二の膳、三の膳等を用ふるを通例とす。下の情は供養法事は、まず第一、僧徒を饗応するを、先祖に孝と思ひ、僧を専一に馳走する故、過分の物入りとなる。僧を招かずんば、さまでの入費もいるべからず。たとひ倹約の法を出すとも、僧来りては行はれず。……僧を止めば、倹約の法も行われ、……真の孝道も立つと見ゆ。」として居る。故に仏教的観点よりすれば、畢竟葬式、法事も、浪費と認定されて居ることになる。

法会。真宗で注目すべきものは、報恩講である。御正忌ともいう。十一月二十一日から二十八日までである。檀家で繰上げて、十月から十一月にかけて行うのが、御取越である。その日、「僧を招いて集会聴聞す。衆人に煙草、茶、菜、羹を出し、僧徒に酒宴供膳」するを常とした。

かくていよいよ報恩講の週間に入れば、「毎戸家人みな農牧をやめ、白日をぬすみ、遠近の寺に詣で、毎夜法儀を聴聞す……。」「七日が間、毎夜蠟燭を燃し、餅を搗くこと、窮民どもも、衣服を質入等致し、蠟燭一斤、餅五六升、或は一斗、二斗、毎戸買ひ求めざるものなし。さて二十八日には、薪、米、糯、油、蠟燭、菓子、菜疏、一切飲食のもの、思ひ〳〵にもたらして、堆く積み立て、また布施金を納め、皆饌膳を受く」るのであった。真宗には報恩講だけでなく、毎月御講というのがあり、その日檀家では、僧を請じて集会、酒宴するのである。これを諸藩の側からみれば、一体どうなるか、「特に農務は、五月、十月は至って多忙、須臾も暇を闕《か》くべき時にあらず、故に公役と雖《いへど》も、官よりこれをのぞけり。」「この時分は晴天も稀なれば、寸隙を惜み、稲粟を収納し、片時も早く官舎におさめ、或ひは俵造り、麦まき、菜うえ、培糞等、しばらくも暇なきに、百事をすて、仏にとろけるは、却て仏心に逆ふものなり。」「身分不相応の蠟を費し、糯米を弊すこと、国中にいくばくぞや。大抵ここに、中国に准《なぞら》へ、領中門徒の戸籍三万四五千、その上他宗も化せらるれば、四万に積り、一戸に蠟一斤と致し、直二銭五分にしても、正銀百貫目、餅米五升、估四銭にして、正銀百八十貫目、ともに合せて二百八十貫目。また寺ごとに費すところ、いくばくぞや。少くとも、凡そ三百四五十貫より以下は減ぜずと考ふ。……別して右の二品は、自国兵備的用のものなり。」ということになるのである。

曹洞宗では、江湖会と授戒会が、特に問題にされて居る。江湖会は、結制安居のことである。

当時、「自分の寺にも、江湖を致せば、三出世といひ、大和尚となる。大和尚とならざれば、その国の緑寺に住持叶はずと、みな自刹に江湖を致さんとす」るのであった。諸藩の側からみれば、「自刹に江湖を致せば、昔より百俵、百両と言ひ伝へて、今時は諸色高直にて、なほも雑費多かるべし。特に鄙舎の寺は、夜着衾、椀膳の類、或ひは仮屋等、近隣民家の難渋甚し。」というのであった。また授戒会というのは、戒法を信者に授くる法会で、「血縁をこしらへて、居士、大姉号を記して、戒名を授く。これよりおほくの男女鰥夫、寡婦等、その寺に同宿すること七日、」である、これまた諸藩の立場からすれば、「婬乱の媒酌といふものなり。……かく民人を集め、無益のことをなして、国害となる。」のであった。

臨済宗でも問題にされたのは、江湖会であった。この宗にては、藩外から多くの僧侶、を招請する習慣があった。藩の立場よりすれば、「無益のことに、自国の穀財を費すは、富国の妨げなり。国家の用に立つ者はわが民なり。故に一粒たりとも、他邦の者には、無益のことに与えず《ママ》。そのあまれるところは、わが邦の犬馬をめぐむにしかず。」であった。

真言宗では、灌頂が取上げられて居る。灌頂というのは、「衆僧集り、まづ寺中に幕を張りめぐらして、昏闇になし、入口に番僧より、女どもに、一番、二番の札を渡して、その女の眼をしばり、手をひきて、一人づつ深奥に伴ひ、合掌して、樒《しきみ》の葉を握らせて、仏前に向ひ、また膝前に、衆仏の絵を敷き、この上に、右の樒の葉を落し、この時眼を開いて、その画像に載せたる仏を、一代の守本尊と定む」るのであるが、「謝料、一人に四百文ときまれども、入口の番僧、賄賂をとりて、前入後入を乱すことあり。一向わけもなき嬉遊ごとにて、善道誘掖の法にあらず、……祖師は女人禁戒せしに、甚だ以て祖意に背けり。」とされて居る。

浄土宗では、御十夜である。御十夜というのは、陰暦十月六日より、十五日に至る十昼夜にわたって行う念仏法会をいう。その間、「十夜と名《なづ》けて、毎晩男女を集めて法談す。……また邦によりて、糯を搗き、菜を煮て、村中に配れる里も」あるのであった。これも藩の立場からは、「これまた淫乱の媒となる。特に冬の長夜に通夜すれば、翌一日は職事も勤らず、その妻朝は早く起きて、炊飯せざれば、夫の職事の妨げとなるものなり。」と批判されねばならなかった。

なお日蓮宗の法華九日、題目講、禅宗の臘八、釈迦講、達磨忌、真言宗の大師講、及び施餓鬼、観音講、万人講、摂待、更に諸説法、談義を槍玉に挙げて居る。そして、「飲食のために暇を費し、大いに家職の妨げとなる。」「今の僧徒は、一経をも講ぜず、多くの婦女を集め、機嫌をとりに、桂文治が跡を踏み、軽口たわけ、或は暗に、江郷の長唄をそそり、或は軍書講談等、願人坊の風にて、たゞ銭をとるを主意とし、……却って夜中群集して、不義姦通の基をなして、国政の害たり。」として居る。

また当時農村においては、攘災のため、大般若経転読を行っていた。その経費は、「まづ経箱を運ぶに、往返の人凡そ十余人、僧徒、修験者、六七人を饗応し、台所には、村役、組頭、横目、散使、料理人、小使等約十人、わが物いらずと心得て、酒食を費し、布施金加へて、凡そ百十四五貫、その上一村暇を費し、その失墜少からず。雑用は、初春より秋まで利息を加へ、農民に割りつける。」のであった。そこで藩の立場よりの批判は、「本租はたとひ微少といへども、かゝること、庄屋の帖にさま〲かかる故、租税益々高昂に及び、民憂となつて、ついに《ママ》上を怨むる端となれり。」というのである。

なお法華万部というのがあった。それは藩において、先祖菩提、国家安全のため、藩内諸寺院に法華経を配当、暗誦させるのである。その経費約二百四五十両に達した。「諸侯の身にては、小些といへども、その元を考ふれば、すなはち民の艱難して貢するところなり。」と農民の艱難に藉口して居るけれども、事実は、藩経済の痛苦とするところであったこと、明らかである。

寺院の修築も多く、従ってそれに伴う寄附金募集も、頻繁であった。それに対する批判は、「今時の寺主は、民を虐げ、寺宅を飾り、無用のことに、土地を費すこと多し。……かかる無用の寺宅は、却って免地致し、免地なきところは、庶民より寺主に代つて年貢を納むるに、僧徒ども、庶民の艱難を思はず。尺寸の土にも、菜穀を生ずる天地の恩を知らず、ただ寺境の広きを嗜み、年々家造を致すは、甚だ仏祖の意に背けり。」である。

五

封建経済に対する衝撃が、直ちに封建機構に対するそれであることは、論を俟たぬ。しかし、封建経済に直接影響を与えなくとも、封建機構に対して衝撃を与うる場合はあり得る。そのことを、次に取りあげてみよう。本末制、檀家制、改宗問題、寺領問題、神社問題等は、その主なるものである。

まず本末制、近世の寺院制度においては、本山、中本山、小本山、本寺、末寺というような封建的体制を整備し、それによって幕府は、触頭を通じて、諸寺院を一糸乱れず統制していた、が、しかし、それは、宗教の伝統、キリシタン禁止、等の問題と関聯して止むを得ぬことであったにしても、あまりに幕府中心ではなかったか。元来徳川幕府においては、諸藩の行政権は、ほとんど諸侯の手に委任しているといって宜しいのに、これは一つの矛盾ではなかったか。換言すれば、他の行政一般と同様に、各藩単位に、組織することが必要ではなかったか。それはとにかくとして、幕府本位の宗教制度であったため、「今時の僧犯戒悪業は、世人みな指弾するところなり。しかれども、僧は禁官故、領主と雖《いへど》も、滅多に誡め給ふこと叶はずと世評す。実に傍若無人の躰なれども、ただ庶民のみ誡めて、僧徒はかつて目につけ給はざるは、如何なることぞ。」というように、準治外法権的なものとして、諸藩においては、多く袖手傍観、他の場合のように、これを大胆に処理することが、不可能であった。

次には檀家制。檀家制度は、近世の寺院制度の根幹をなすものである。しかし寺院と檀家との結合が、一定の限度を越せば、最早封建社会の維持に役立たずして、却ってそれを破壊する力として働くことになる。「近世宗門起つて、庶民を檀家と名づけ、臣下同様にて、一年の資給は租税と等しく納めさせ、人を使ふも、公役に同じ。」つまり封建領主の支配に協力すべき寺院が、当時、領主の対立者として、登場していたというのである。

次に改宗問題。これが問題とされるのは、二つの理由にもとづく。第一、改宗それ自身が、安定せる封建秩序を紊乱する危険あること、第二、その改宗が、封建経済に最も衝撃を与える浄土真宗、日蓮宗への改宗であること、である。これら諸宗への改宗は、いかにして行われたか。浄土真宗へは、「日に月に法話して誘き入るる故、百戸の村に六七十戸、この宗あれば、余は化せられてこの宗に入る。もし入らざれば、親睦せざる故、やむことなしとみゆ。」日蓮宗へは、「法華の徒、百日法華と唱へ、他宗の病者に、もしわが宗に入らば平癒すと、服薬を禁じて、さまぐ〵の、祈禱呪咀して、誘き入る」るのであった。

神社問題。江戸時代を通じて、思想界は、漸次日本主義的傾向を濃厚にする。かかる思潮において、依然中世的な神祇観を固執することは、許されなかった。かくて、浄土真宗と日蓮宗の神祇観が、論議の対象となることを余儀なくされた。本書においても、浄土真宗のことを、「わが神国に生れ、……太麻も受けず、諸社の、厭符も受けず、神主、修験等配札すれば、ただちにこれを棄て、神棚もかまへず、」として居る。
その他寄生宗教者群の、封建秩序破壊の実情が指摘されて居る。

第二部　民間信仰の繁昌・組織化

第一章　宗教界に現れた新動向

一

上述の如く檀家制度によって、寺院の基礎は確立したが、間もなくその弊害顕著となり、一部寺院僧侶の行動、識者を顰蹙せしめ、特に財政窮乏に悩む諸藩は、寺院を敵視するに至った。そこに排仏論の急展開は、一応理解出来る。しかしそれだけでは、廃仏毀釈への躍進は説明出来ぬ。と言うのは、民衆が忘れられているからである。たとえ諸藩において、排《ママ》仏毀釈を断行せんとしても、民衆が、中世における彼等の如く、絶対的の信仰を捧げていたならば、その実現は不可能であったからである。換言すれば、民衆の信仰が弱化していたことが、廃仏毀釈を実現せしめ、また彼等の信仰が反仏教的でなく、ただ弱化したという程度であったことが、廃仏毀釈の全面的達成を不可能にし、またその復興を可能ならしめたとも言い得るのである。しからば問題は、いかなる程度に信仰は弱化していたか。そのことを側面的に理解するため、民間信仰の繁昌、組織化の問題を取り上げてみる。まず最初に宗教界に現われた新動向の中に、民衆の宗教的関心の新傾向を探って見る。

二

まず私どもは、近世都市において、仏菩薩が現世祈禱の対象となっている事実に注意せねばならぬ。即ち、たとえばある薬師は歯痛、ある観音は出産、ある地蔵は疣、ある不動は眼病、そしてある閻魔は頭痛、を祈る神として信仰されている。阿弥陀さえも、あるものは諸病平癒、祈願成就の目的で礼拝されたのであった。

民衆の切実な要求は、しかもそれ等の諸仏菩薩に、一定した性格を附与することをせず、その各々を専門化させている。即ち地蔵菩薩にしたところで、必ずしも前に挙げた如く、疵の神と決っていたわけではなく、長寿、恋愛、火防、安産、育児、眼病、ほぐろ、不具等の中の一つを分担、その名称も、それ等の専門科を冠して、たとえば延命地蔵、艶書地蔵、文使地蔵、腹帯地蔵、子育地蔵、子守地蔵、疣地蔵、片目地蔵というようなものが多かった。すでに民衆は、漠然たる息災延命では、満足しなかったのである。更に切実な民衆の要求は、その現実化となってあらわれている。すでに中世にも、頬焼地蔵、身代り地蔵というような、自分の一身を犠牲にして、信者の危険を救ってくれる地蔵があった。ところで、それが近世には更に、鼻欠地蔵、首截地蔵の形式にまで発展した。即ち鼻欠地蔵は自分の鼻が落ちて、著しくその美貌を傷つけ、ために肩身狭い思いをしているので、世の不具者に心から同情し、それを治してやろうというのであり、また首截地蔵というのは、腕白小僧から首を叩き落された地蔵が、その自分の辛い経験に鑑みて、首より上の怪我をした人の祈願に応えようというのである。これを要するに、中世までの地蔵は、自分は一段高所におり、民衆の苦悩をみて、出掛けて救うのであるが、近世のそれは、すでに超然と民衆の上に君臨するものでなく、本来民衆と同じ苦悩をもち、また共感し得るものとなって居る。

三

民衆の要求は、またその人間化の中にも窺われる。豆腐地蔵、御造酒地蔵、帯解地蔵、裸地蔵、前出地蔵、水飴地蔵、塩嘗地蔵、落馬地蔵等は、人間化した地蔵という点に興味がある。いま豆腐地蔵について、その一斑を説明してみよう。この地蔵は、生来豆腐好きで、豆腐がなくては一日も暮せぬので、諸寺の小僧に化けて、毎日豆腐を買いに出掛けていた。その頃はお賽銭も上らぬ貧乏地蔵であったので、神通力で、小石を銭に化けさせて、使っていた。しかし毎晩金の勘定のときに、小石の混入していたことに疑念を抱いた店主は、この小僧の行動に注意しはじめ、ある日のこと尾行して行くと、石地蔵のところで姿を消してしまった。さてはあの小僧、地蔵の変化であったか、というようなわけで、その地蔵が有名になり、信者は、豆腐を捧げて、祈念を凝らすということになった。即ちここにおいては、地蔵は単に私どもと同じような苦悩をもつばかりでなく、同じような欲望をもっていることになって居る。

地蔵は私どもと同じような人間である。いかに祈念を凝らしても、ただ頼み放しでは安心出来ぬ、出来ることなら、断念の趣引受けた、という意思表示をしてくれたら、と思うのは人情である。欠頭地蔵、落涙地蔵、笑地蔵の存在は、またかかる民衆の要望に対応するものである。しかし商買上の取引においては、契約だけでは、一方的に破棄される危険がある。従って相手が、契約を完全に履行するまで厳重に監視し、不履行の場合は、出来得れば、暴力に訴えても、その履行を強要するだけの、押しが必要である。かかる町人根性が、宗教に反映すれば、油掛地蔵、縛られ地蔵、縄地蔵となる。たとえば油掛地蔵というのは、地蔵を縄で縛り、油をかけ、所願成就を強要し、達成してはじめて、縄を解くのである。かくの如く民衆の要求の切実さは、地蔵を専門化し、現実化し、そして人間化せしめている。かかる傾向は、程度の差こそあれ、他の諸仏菩薩の上にも、当てはまることである。

出開帳、巡礼、縁日、等にもまた、江戸後期的な、教界の動向を見ることが出来る。今、出開帳についてみれば、その流行したのは、主として十八世紀の初頭から、十九世紀の中葉にかけて、つまり江戸後期においてであった。そして信濃善光寺、京都清凉寺等の開帳は、中にも著名であった。出開帳は一体何故に、江戸後期に隆盛を極めたか。その理由はこうである。江戸、特にその後期に入って、江戸、大阪を始めとして、都市が急速に発達した。それらの都市住民の信仰は、祈願の効果を第一とするので、従ってその信仰対象は、常により新奇な、霊験あるものへ移動した。換言すれば、単一なるものに、停滞し得ぬ性質をもっていた。しかも当時、旅行はなお極めて困難な状態に置かれていた。かかる状態は、出開帳を流行せしむるに、誂え向きな条件であるのである。一方開帳する側についてみれば、それ等のいわゆる名刹は、近世初頭にその所領を削減され、経済的苦境に陥っていたので、新興の都市住民に注目し、それと自己とを結びつける方法として、出開帳を取り上げたのであった。

四

仏菩薩の性格が、著しく変化していることは、上に述べた通りであるが、このことは、神祇についても同様であった。しかしここでくれぐれも注意して置かねばならぬことは、近世の民衆は、仏教を本来の姿において捉えていないように、神祇もまた正しい姿でなく、異端的な姿で捉えていることである。たとえば、猿田彦大明神は疫病、粟島大明神は婦人病、百大夫は疱瘡、また五幸神は胎毒、の神等として信仰されていた。

しかし、より近世的なものは、稲荷大明神である。稲荷は本来農業神であるが、近世都市のそれは、農業神でも、またそれより転化したものでもなかった。多く近世人の創作にかかるもので、かりに稲荷大明神の名を僭称したまでである。

第二章　宗教寄生者群の登場

一

前章において、宗教の新動向を見、以て江戸時代の民衆が、いかに現世利益的宗教に関心をもち、そのため宗教が、いかなる動向を辿ることを余儀なくされていたかを、明らかにし得たと信ずる。しかし既成宗教陣営による宗教の新時代化には、一定の限界があった。従って上述せる如き、新動向を勇敢に展開せしめるには、既成宗教陣営に属せぬ、新宗教人を俟たねばならなかった。かかる新宗教人として、本章には宗教寄生者群を取上げてみる。

二

江戸時代の末期に近づくとともに、次第に進展し来たった商品貨幣経済は、間接に、封建的支配者である武士の経済的衰頽に基づく、苛斂誅求を通じて、農民を窮乏化せしめた。柴野栗山の上書によれば、「ただいまの御代官は、ただ御年貢を取り納め申し候のみを、御役目の様に覚え居り申し候。その訳は、御年貢を一粒も余計に取り立て候へば、働きに相成り候お役目のやうにて、お役替等も仰せ付けられ、その外の風儀、盗賊等のことは、一向お上にても、お構ひ御座なく候故にて御座候。それ故お役を相勤め候ものは、御年貢も一粒も沢山に取り立て、勤めの功に仕り候て、一日も早く立身仕るべくと存じ奉り、前役の御代官十万石の御蔵入のところにて、三四千石も余計にとりたて申し、それが功立ち申し候て、お見出しに逢ひ、立身も仕り候へば、次の御代官は、またその上に一二千石も余計に取立て申さず候ては、働きの手際相見え申さず、またその次は千石も五百石もと、だん〳〵増しに増し申し候へば、御代官の十人も代り候うちには、十万石の御場所より、十四五万石も納め申すやう相成る」（栗山上書）有様であった。加うるに、一方商業高利貸附資本の農村への直接の浸蝕によって、農民は餓死線を彷徨するに至った。南畝偶話の著者は、借金苦にあえぐ農民の惨状を「小民の借金するほど憐むべきはなし。もとより不足なる故に借金し、その借金を償ふべき手当さえ《ママ》なきに、一割半より二割の利子を加へて、その利も借れば、利に利を畳み上げ、如何ともすべきやうなし。故に少しにても加徳ある田地はこの借金のために、金主に取られ、残るところは、年貢高き悪田ばかりなり。すでに力弱り、田地に肥料を用ふることもならず、牛をももつことならざる故に、年々に地性薄く、物を生ぜず、或は、自力に作ることもならず、四斗の入るべき田をも、三斗にも引き下げて、人に預け作らせ、その一斗の間米をば、自身日雇働きなどにて、償はんとするもあり。」と報告して居る。かくて商品貨幣経済の発展は、小農民達をいよいよ零細化し、窮乏化せしめ、土地より引離しつつあった。ところで土地より引離された農民は、何処へ行ったか。彼等は、「小商ひをなして末利を追ふ。故に近年、在方に、小店、小商人の増したること、いくばくといふ数を知らず。その外諸職人となり、医者となり、僧となり、または他国へ行きて、日雇働き、または奉公する。」のであった。小商人となり、諸職人となり、医者となり得るのは、まだ比較的余裕のある農民の場合であって、最下等の水呑百姓に至っては、「四方に離散し、僧、乞食となり、盗となるより外、飢寒を凌ぐこと能はず。」（某氏意見書）の状態にあった。かくて土地より引き離されて、しかも小商工業者へ転化することの不可能であった離村人口の中の、少なからぬ部分は、僧侶となった。歴史は皮肉である。かつては農村青年の唯一の登竜門であった僧侶は、今や逆転して、農村青年の、最後の生命線となって居る。かくて生玉社の社僧聖応が、仏教によって衣食するものを、「まづ天台、真言、禅、律、浄土、日蓮、一向、山伏坊主、医者坊主、比丘尼、虚無僧、非事吏、願人、鉢坊主、護摩の灰、それ等に属するところの奴僕梵嫂、あげて数へがたし。天下三分の一に余るとも、足らざることはあるべからず。」（胡蝶庵随筆）と論じたのは、誇張であることは認めながらも、なお宗教寄生者の数の、われわれの想像以上に、多かったことは否定すべくもない。その社会的地位も、寺院を有する場合はともかく、しからざる場合は極めて低く、たとえば鉢扣、鐘叩の如きは、弾左衛門の配下ですらあった。

三

農民の経済的窮乏によって、次々に創り出されたる、これ等の宗教寄生者群の、目指す舞台も、日雇奉公人に転落した農民と同様に、農村の頽額と反対に、繁栄の一路を辿りつつある都市であった。しかるに当時においては、従来よりある寺院、教会の一部は、血統相続であり、しからざる場合も、血統相続に準ずる相続法、たとえば近親者をして相続せしめるというような方法が、一般に行われて居たので、寺院には事実上、新宗教寄生者群を収容する余地は、なかったのである。一方それ自体経済的危機に直面せる封建社会の支配者は、その苛斂誅求を阻害する、換言すれば民衆の担税力を低下せしめる寺院、教会に対しては、当時すでに、新建立を絶対に禁止する政策をとって居た。従って宗教寄生者群は、如何に熱心な伝道者であっても、寺院の建立は、絶対に許されぬので、止むなく彼等は裏店を借り、そこに仏壇、護摩壇を設け、また古い仏像、神像をかけ、更に古い経典を並べて、むさくるしい中にも、努めて宗教的雰囲気を作り、信者を集める位が関の山であった。さりながら寺請制度の厳格に励行されて居た当時においては、葬式、法事に関与することは絶対に許されないので、彼等の宗教的行為は、加持、祈禱の範囲に限定された。従って彼等は不安定な、投機的な都市生活者の心理を、巧みに把握することによって、あらゆる迷信を鼓吹し、現世的な加持祈禱を強制することによって、辛うじて彼等の生活を維持した。貧しい生活は、彼等をして、たとえば偽って仏像、仏経勧進のためと号して、金銭をねだりあるく如き、詐欺行為をすら敢えてせしめて居る。さて彼等の裏店を中心とするかかる宗教的行為が、都市に経済的衝撃を与える程度の大きくなるに至って、封建社会の支配者は、無情にも彼等宗教寄生者が、裏店を借ることとすら禁止した。ここに宗教寄生者群は、裏店をもすてて、放浪の生活に入るを余儀なくされた。かくて彼等は、町より村へ、村より町へ、民衆の宗教的要求に応じ、かつまた新しい宗教分野を開拓しつつ、放浪の生活を続けた。従って彼等の宗教的行為は、広汎な範囲に渉って居た。譬えば、願人坊主は、加持、祈禱、読経、御札、御符、御守、願結、願解、代参、日踊法楽、御鬮、八卦、卜筮、荒神釜〆、水行、灌仏会指出、閻王指出、淡島法楽勧進、毘沙門天八体仏御影配勧進等を修した。しかし以上は、公認の営業種目であるので、実際はもっと多くの、換言すれば、民衆の宗教的要求に応ずる、一切の宗教的行為をなしつつあったと考えて、差支えないであろう。かくの如く宗教の一切を引受けた彼等も、仲間が続々と増加するのでその生活は楽でなく、益々窮迫した。従って彼等は生活のためには、「無宿の僧糧を貪り、口を糊するの輩寓居して衆を集む。専ら謡道を教え導き、人情を傷う。」（農譚拾遺）と、識者の顰蹙を買う如き宗教行為を敢えてしなければ、その露命をつなぐことが出来なかった。近世の農村は、その経済的窮乏の故に、その過剰人口を離村せしめた。離村せる農民は宗教寄生者となり、都市を逐われ、再び農村に来たって、その窮乏に拍車をかけて居る。この現実を凝視することなくして、「平日祈禱を致し、金銭を貪り候こと、不届の至り、向後見つけ次第召し捕え、厳科に処せらるべし。」とか、「俗体にて祈禱を致し、金銭を貪り候もの、或いは説法に似よりたることに、人を集め候もの、召し捕え、厳科に処せらるべく候。」（擯斥茅議）等と、激越なる口調を以て、彼等の弾圧を策してみても、結局彼等の行為を潜行的ならしめるだけである。その実例、尾張本田村であった事件である。「六十六部の者三人（僧一人、俗二人）来り、年頃廻国の修行者を憐れむ者の家を尋ね泊りし。その内俗行二人は用ありとて、あたり近き民舎に行きし。そのあとにて、この僧いとも心得ぬさま多く見えしほどに、亭主心付けて、隣家に告げて用心せし。夜に入りて、法師ひそかに間道より出て行くをみれば、さればこそとて、これを窺ふに、何やらん取出して、不浄を溜め置くところへ投げ入れて、逃れ行くを、言葉かけて追ひ捕え、やがて彼の同行の者をも連れ来り、村民多く集まり、その所為を厳しく責め問ふに、紛れなき誑惑の奸徒どもなり。さてこそ彼の投げ入れしものは、人の首（僧なりとぞ）なりし。これは、かの法師ひそかに出で逃げたりしあとへ、同行ども来り尋ねん時、主人見えざる由を言はば、ここかしこに求め探り、その投げ入れし所を知らず顔に、尋ねて首を取り出し、主人が殺せりと冤に陥れ、さて詫び言させて、殊更に金銀を得べきたばかりごとなりし。」（塩尻）と、天野信景は記述して居る。更にまた高野聖と称して、弘法大師の護摩の灰というものを売り歩き、その他種々の悪事を働いた者があった。これまた宗教寄生者が生活に窮した悪事である。こうした実例は枚挙に遑《いとま》ない位である。しかも一部不逞者の行動ではなく、窮迫せる宗教寄生者全部が、程度の差違こそあれ、不良化していたことを認めねばならぬ。今高野聖に例をとれば、「笈を負ひて種々のものを商ひ鬻《ひさ》ぐ者ありて、国々を周流す。商売に異ならずして、しかも所定めず歩く者なれば、人を偽り欺きて物を貪る」をこととして居た。その不信用は、「高野聖に宿かすな。娘とられて恥をかく。」（雑誌）の童謡に最もよく反映して居る。近世の宗教界において、寺院における宗教は平静である。何となれば彼等の生活は、寺請制度によって、安定して居るからである。これに反して、宗教寄生者達は、絶えず民衆の宗教的要求を追求し、更にそれを発展せしめつつあった。

四

ところで民衆の宗教的欲求は、大体二つに分類することが出来る。その一つは死後の問題であり、他の一つは現世の問題である。前者に就いては、寺請制度の創始によって、各自檀那寺を持ち、葬式法要を修し、また平生寺詣りをすることによって、一応の安心を得られた。しかもなお、地獄に行く危険を感ずる者のためには、「近年信州善光寺如来、諸国を巡り給ひて、滅多無性に安売りして、御印文をいたゞかせ給ふ。故にこの印文を一寸でも戴く者は仏となる。」（かねもうかるの伝受）の便法があり、しかもこの極楽行きの切符の廉売は、単に善光寺のみでなく、天台や真言の古名刹では多く行われたものの如く、「古き寺などに閻魔王の印といふあり。これを頂けば極楽へ通ずといふ。その外をも見るに、多くは木印に寿の字なり。摂津の国にも二ヶ所までありて、かかなるもの、涙を流して、有難がりて戴く。また阿弥陀如来の御印文をも戴かす。これも極楽へ通るために、銭を出しては頂く。極楽の東門は、芝居相撲の鼠木戸同前と見えたり。また平家物語に、閻魔王の方にて法華八講を行はるゝに、供僧一人足らずとて、摂津国清澄寺の住僧慈心坊尊恵を召さるる、慈心坊冥途より帰り、清盛公へ申上げたり、とあり。その時より持来りたるとて、閻魔王の印、いまに右の寺にあり。これを戴けば、如何なる悪人にても、極楽へ通ず。」(雑交苦口記)という訳で、近世においては、摂津の一国だけでも、極楽行きの切符発売所が、三ヶ所もあった。以て知るべきである。かくの如く、あの手この手、極楽往生は至極簡単になって居た。そしてまた前にも述べた通り、寺請制度の確立した結果は、正規の宗派に属する以外の宗教寄生者の、割込む余地はなくなっていた。従って宗教寄生者群の目標は、民衆の他の宗教的要求、即ち現実生活改善の要求を目指す、ということになるのである。

第三章　修験道の急旋回

一

宗教寄生者中、指導的地位にあり、かつ典型的発達を遂げたのは山伏であるので、本章には、その宗教的活動を述べてみる。

山伏は、まず病気の原因を、障りと祟り、特に祟りにあるとした。祟りには、通常金神の祟り、荒神の祟り、生霊の祟り、死霊の祟り、霊鬼の祟り、淫祠邪神の祟り等があるとされたが、祟りの中では、特に金神の祟りと、荒神の祟りが重視された。先ず金神に就ては、

大歳は、その年中を掌る、歳星といふ星の精なり
大歳の方に向ひて万よし、たゞし木を伐り、戦さごと忌む、
大将軍、太白と言ふ星の精、これぞ三年塞りの方、
怖るべし大将軍の住み所、押して用ふるは禍の門、
太陰は、鎮星と言ふ星の精、向ひて産をなすことを忌む、
歳刑は、木曜星の精気なり、向ひて井掘り、種蒔きを忌む、
歳破とは、土曜星の精気にて、大歳神に向いて破らる、
歳破神の方に向ひて、渡座や、船乗り始め嫌ふなりけり、
歳殺は、貪狼星の精気にて、聟嫁とりを嫌ふなりけり、
黄幡は、羅喉星の精、この方に向ひて、年の弓始めよし、
豹尾とは、計都の星の精なれば、大小便に向はざる方、
豹尾より、尾ある生物求むれば、万むかひて目出度かりけり、
金神は、げに怖ろしき方なるを、押して侵すは毒の試み、（延宝九年伊勢暦頭書）

等の信仰があった。上に述べたことによって明らかである如く、金神は最も怖しい神であるので、普通方位の祟りを、金神の祟りと汎称する。かかる意味において、この金神の祟りは、量において、質において、祟りの第一位を占むるものである。次に荒神は、詳しくは三宝荒神、

別名を土公神、竈神等と言う。荒神の性質は、
　春は竈、夏門、秋井、冬庭、これぞ土公神の住み所なり、
　土公神の、四季の変れる住み所を、侵せば祟るものぞ、慎しめ、
　四季ともに、土用の中は井を堀らず、地搗き、石据え、土を侵すな、
等と信ぜられた。さて禁止された期間内に、是非とも土を動かす必要のある時は、荒神遊行の日を用いよ、というのである。以土、祟りの中で、金神、荒神の祟りを説明したが、最初にも言った如く、この他生霊、死霊、霊鬼、邪神等、要するに森羅万象ことごとくが、直接に間接に、また積極的に消極的に、われわれに障り、祟りをすべく準備して居ると考えられた。われわれは、これら宇宙間に遍在する諸神諸霊の障り、祟りによって、病気に罹るのである。従ってわれわれが、病気に罹った場合には、先ず何は措いても、この障り、祟りを取り除かねばならぬ。その手続は、まず占相によって、何の祟りであるかを判定し、祟りをなす神や霊に相応する祈禱を修して、過失を謝し、以て神や霊の怒りを止めしめねばならぬ、というのである。山伏等は、病家あれば早速にこの祟りを持ち出し、祈禱することを勧告、というより寧ろ強制した。

二

祈禱の方法は、祟りの種類に照応する。金神、荒神の祟りの場合であれば、「神の病者に祟

りをされるのは、勧善懲悪のためである。しかるは、病者にいま秘密真言の加持を受けて、過を改め善に遷った。よって、怒りをといて、病者のところより、お立退きあれ。」と、また邪神の祟りの場合には、「邪神の病者に祟りをされるのは、悪心矯正のためである。しかるにいま、医王の宝号を唱へ、秘密の神呪を誦して、悪心を改めたから、病者のところより、お立退きあれ。」と、そして生霊の場合には、「生霊の病者に祟りをなすのは、嗔恚のためである。しかるに嗔恚が、修道の妨げをなすことは、諸経典の具さに説くところである。須らく嗔恚の心を翻して、慈悲心を起し、速かに病者の許を去れ。」と、また死霊の場合には、「死霊の病者に祟りをなすのは、妄心煩悩の為である。妄心煩悩を起すは、仏法を聴かざるためである。いま仏戒を授けたから、速かに病者の床より離れよ。」と、更に精鬼とは、動物、植物、鉱物等の精であるが、この精鬼の場合には、「精鬼の病者に祟りをなすのは、怨念妄心のためである。いま真言総持の音を聴かしめ、また印明加持の法に遭はしめた。早く邪執をすてて、病者の許より去れ。」（修験深秘行法符咒続集）との趣旨の教化を行った。その態度金神、荒神及び邪神等は敬し、生霊と死霊とは諭し、精鬼は導くのである。山伏等は、病者あれば、占相によって祟りの原因を探求し、それに応ずる上述の如き祈禱を修した。勿論祟りは、最初山伏等の宣伝したところであるにせよ、時の経過するとともに、民衆の信仰となったので、医学の進歩の未だしき当代においては、消極的には、一種の精神療法としての意義は有するのであるが、とは云え山伏等が、民衆の信仰以上にこれを強要し、多額の報酬を要求するに至れば、すでに一つの社会問題である。山伏等は、軽い病気の時でも、灯明、戸帳、鉦の緒、絵馬等を要求し、重い場合は、瓦、石段、石灯籠、鳥居、水盤、半鐘等を寄進させた。同じく強請するにしても、修造費、什器費はなお止むを得ないとしても、病家を探し求め、たとえば、この病気の原因は金神の崇りである、いま何両の金を出せば、全治させてやる、等と言い、金持でもあれば、いま何十両出せば、必ず全快させる等と、病家の弱点につけ込んで、多額の現金をゆするに至っては、言語道断である。

病気の祈禱を、その主要財源とする山伏としては、これまた止むを得ないことであったとしても、許すべからざるは、病者の医薬を服するを禁止した点である。当代においては、病者を中心として、医薬によってこれを治さんとする医者、祈禱によってこそ癒し得ると言う山伏、彼等の利害は常に相反していた。ある時病家で、一方山伏に祈禱を頼み、他方医者にも治療を頼んだ。病者は幸い全快したが、はからずここに問題が起った。山伏はその全快は祈禱のためであるとし、医者は服薬の結果であると、主張して互に相譲らなかった。かくて議論は、水掛け論に終りそうであったが、最後に医者は、一つの案を提示した。その提案は、山伏は呪詛の祈禱を以て医者を祈り殺すべし、医者は毒薬を以て山伏を毒殺せんというのである。そこで山伏、今までの元気は何処へやら、全く辟易して、こそこそと座を逃れ去ったという。かかる実例は枚挙に遑《いとま》ないが、そのすべてが、上の場合と同じく、常に山伏の負けであったにもかかわらず、下層民の祟りに対する信仰は、依然として強く、従って病気の治療者としての山伏への信頼は、医者のそれに数倍勝るものがあった。かくて勿論特異な例ではあろうが、医者としては生活するよりも、山伏の手先となって働く方が、生活が容易であるという、珍現象すら生じた。それは大阪高麗橋一丁目に住んで居た医者の場合であるが、この医者は、病家へ行くと十に五つは、この病人は、金神の祟りで病気になったのである、従って薬で治すことは困難である、早速祈禱師に頼んで、祈禱をせねばならぬと言うので、病家は吃驚して、早速祈禱師の紹介を頼む。すると京都に名祈禱師があるから、紹介してあげると、相棒の山伏に周旋していた。

三

上に述べた如く、山伏の祈禱にはあくどさがある。謝礼を強請し、医薬を禁止するのはその好例であるが、その方法もまた非難に値する。寄祈禱というのが、それであるが、これは狐を用うる祈禱法で、山伏は中世以前にすでに、この方法の祈禱を修して居たが、近世に入っては、益々多くこの祈禱を用いた。その方法には、巫に幣をもたせ、狐を憑かせて、色々の事を喋らせる方法もあった。この方法は、むしろ占相に近い祈禱である。また先ず人に狐を憑けておいて、一方仲間の者に、自分が祈禱の達人であることを宣伝させ、祈禱を頼まれて、狐を離す方法もあった。狐に対する民衆の恐怖心を利用した、一種の恐喝である。この方法は、山伏の好んで用いた方法で、上野、信濃方面の大さき狐も、またこの方法に属するものである。それは長さ一、二寸の紙に、狐の図を猫いたものであるが、これが大鼠位の生類に成って病家に憑くというので、これはこの山伏仲間が祈らねば、離れないとされて居た。かかる狐を利用する祈禱において、狐を神秘化することは、最も必要なことであるが、かくて生れた話に、管狐《くだきつね》の話がある。その話は、山伏の祈禱に用うる狐は、普通の狐でなくて、管狐である。この狐は遠江、三河辺の山中にも居るが、山伏の管狐は、金峯山、大峰等の山伏の本部から受けたものでなければならぬ。本部では、祈禱の秘奥をきわめた山伏へのみ、この管狐を授ける。その方法は、狐を竹筒に入れ、上に梵字等を書いて、七日間修法をしてから与える。これ管狐の名の起る所以である。しかしてこの管狐を利用して修する祈禱に、二つの方法がある。王道の法は、竹筒の中に入れたまま、食餌を与えずして、祈念する方法である。しかし山伏の普通に用うる方法は、この王道の法でなくて、邪道の法である。この方法では、竹筒の中より、狐を出して、食餌を与えて、愛育して、祈禱に利用する。さすれば、人の秘密を一切山伏にあかすので、それによって、祈禱の験をあらわすことが出来る。また人に憑かすることも自由である、とされている。かかる奇蹟を、われわれは信ずるものではない。しかしながら、かかる説が、当時の学者によって、まことしやかに信ぜられていた。たとえば文政四年（一八二一）六月二十七日のこと、西洋医学の権威杉田玄白が、わざわざ滝沢馬琴をその自宅に訪問し、「鼬の妖怪は、狐狸のそれと等しいものであるか否か。」「おざき狐とは、いかなるものであるか。」について、仔細に質している。当代切っての科学者にして、なおかかる愚問を発しているところに、この時代の科学の水準を知ることが出来る。

従って管狐憑き治療について、次の如き秘伝が、医者の間にあったとしても、事実として受取り得るであろう。その秘伝というのは次の如くである。すべて管狐が人に憑くには、手足の爪の端より入り、皮膚の間に潜んで居るものである。よって治療に際しては、まず手足の爪のあたりを縛る。狐の霊魂の潜んで居る処は、瘤の如く皮膚が隆起して居るから、その瘤を刺して危険のない所に追いつめて、これを刺し、そこを切開すれば、小丸の毛のあるものがあらわれる。これが狐の霊魂である。霊魂が殺さるれば、狐の肉体は勿体死する。よって家中を捜せば、天井裏などに、必ず狐の死体があるものだ、というのである。医者の狐憑き治療は、諸書に散見するが、大体上述の一法であった。しかし素人療法ともなれば、夥しい方法があったものの如くであるが、今その一々を調査記述するの煩に堪えぬから、一例を挙げてみる。ある人が狐に憑かれたので、家族達は当時の習慣に従って、山伏や巫に頼んで祈禱をして貰ったが、一向に効果がないので、特て余していた。たまたまそこに博徒が来合せて、自分が狐を放してやろうと申出でたので、博徒ではと思ったものの困っている時であったので、結局宜しくということになった。そこで博徒は鮪を買わせ、それをすりみにして、狐憑きの全身に塗り、柱に縛りつけ、そこに飼い犬を連れて来た。鮪は犬の好物だから、ペロラペロラと全身を舐め上げた。狐憑は吃驚仰天、早速狐は離れた、というのである。

四

かく山伏は、祈禱自体を発展させると共に、御符、御守、御札をも発展させた。それは葬式、法事をこととした僧侶が、葬式、法事を複雑多様化せしめる事によって、その収入の増加を計ったのと、軌を一にするものである。病気等の際に祈禱するとともに、この御符を医薬の如く服用せしむるもので、むしろ祈禱に附属するものである。御守りは病気等の予防の意味で用いられ、御守り袋に入れて首からつるすか、或は襟に縫い込むかしたものである。更に御札は漠然と家内安全を祈るもので、神棚に祀るか、戸口の上に貼ったものである。一般的に言えば、祈禱は消極的に病気の治癒を求むるに対し、御札は積極的に、家内安全を求むる心意の発露と見得るのであろうか。民衆の側よりすれば、現実生活の改善に対する二つの基本的欲求の反映と、見得るのではあるまいか。恐らく御札は、かく現実生活の改善に対する積極的要求として生れたものであろうが、山伏の側よりすれば、御札の持つ特質は、祈禱、御符の如く、特定の人に、また御守りの如く、特定の時に、民衆に強請し得るものと異って、家内安全は、すべての人の渇望するものであり、また縁起を貴んで、少くとも一年一回取り替えると言う御札の特質は、経済的に極めて有利である。かくて山伏は、この御札を毎年定時に民家に配附することによって、民衆との間に、一種の寺檀関係を結ぶことに成功している。

要するに山伏は、葬式、法事に関与するを禁ぜられたので、祈禱、特に病気の祈禱に、その活路を見出した。その方法には、われわれを顰蹙せしむるものも少くないが、とにかく彼等が、全努力を傾注したものだけに、民間的宗教として著しく発展したもののあることを看過する事は出来ぬ。特に金神の信仰、寄祈禱、御札等は、寺院仏教にも少からず影響して居るが、特に神社及び教派神道に対する影響は、驚異すべきものがある。

五

山伏を窮地に導いた寺請制度は、神職をも同様に窮乏化せしむるものであった。社領は削減され、一方当時の民衆の信仰は、絶無に近いという状態で、神職、特に唯一神社の神職などの生活は惨憺たるものであった。かくて両部神社の神職を先頭とする、神職等の急速なる仏教祈禱の摂取が、始められた。山伏を通じて密教の行法の伝授を受け、護摩、星祭等の祈禱を修した。真言密教の祈禱を、継承したとは言え、すでに山伏の祈禱においては、より祈禱を効果あらしめるため、その祈禱対象は、来世的な仏より、現世的な神に転化し、祈願文も、難解な陀羅尼より、民衆に親しみのある和歌に変りつつあった。かかる発展過程にある祈禱を、山伏より受け継いだ神職は、祈禱の実質はそのままにして、形式上においては、仏教臭味を極力排斥して居る。かく祈禱を模した神職は、更に祈禱に随伴する御符、御守、御札等を輸入した。なかんずく御札は、山伏の場合同様、神社の場合においても、民衆と結ぶ重要な紐帯であった。

そしてここにも、準寺檀関係が発生した。要するに久しく民衆と絶縁状態にあった神職を、民衆と結び、その経済を鞏固にせしめたものは、かかる祈禱の摂取において、始めて可能であった。

第四章　教派神道の誕生

一

上述せる如く、山伏等は、仏教の現世利益面を民衆化、効験化しつつあった。かく仏教から山伏へ移行発展しつつあった現世利益的宗教は、再転、民間信仰へ流入、その内容を著しく豊富化せしめた。そしてかかる豊富にせしめられた民間信仰を、再組織したのが、教派神道である。本章には、かかる展開行程を吟味してみる。まず民間信仰は、いかなるものであったか。

二

まず事実について、近世末の民衆は、病気をいかに説明し、それに対していかなる対策をとっていたか、を考えてみる。わが国におけるコレラの第一次流行は、文政五年（一八二二）のことであった。ところでコレラの本源地は、インドのガンジス河附近である。一八一七年そこに発生、次第に全インドに拡がり、一八二〇年には、支那に入り込み、一八二二年には、三日ころり、一日ころりという日本名で、早くも西日本を襲っている。この時の流行振りは、死者三万人と記録されている。安政元年（一八五四）の江戸のコレラ程ではなかったが、未知の伝染病だけに、非常な恐怖を民衆に与えたものであった。その伝染経路は、貿易港長崎からはじまり、九州、中国を経て大阪に入っている。病死者については、「長州萩の城下に二千余人死し、その余九州路より西国筋甚しく、摂州大阪、堺も夥し。」「大阪の市中急死多く、九月上旬より十月中旬まで、墓所の葬送夥しく、貸し色乗物乏しく、あんだ駕籠に、時ならぬ白帷子に裃を着して送るもあり、九月十三日一日七十五人、六墓合百四十五人、この日を頂上として、余日これに準ず。」「九月一日より十一月十六日まで、二千八百三十一人死す。」等と記されている。

ところで当時この国では、その発生地や伝染系統が詳かにされていたわけではなかったので、民衆は、それについてもただ想像を逞しうしているに過ぎなかった。例えば、「対馬の海中にうわばみに似たる形の魚を猟す、その毒気人にあたり、」等と、つまりうわばみの毒気に結びつけ、また、「九月一日の入日光なく、丹の如き色にして西に没す、西国よりこの病来る。」の如く、天体の運行と関わりをもつかの如き考え方が、社会一般に受け容れられていた。医者、薬屋とても、この新たに登場した流行病に対しては、施す術を知らなかった。しかし商売熱心な医者の中には、「明書の中に、この病を治する法あることを見出す。西天より東する病には、今この時に当れり。」と、つまり明書の中に治療法が記されているという名目で、いかさま療法を行い、薬屋は薬屋で、虎頭殺鬼雄黄円、というような仰々しい宗教的な名前で売薬を売出していたけれども。かかる医学、薬学の無力さはとりも直さず加持祈禱流行の地盤である。御符、御守、御札等の夥しい発行は、這般の消息を示すものである。ところでここに一つの問題がある。病気の祈禱に際して、上代の貴族は巻数で、また中世末期から近世初頭にかけての民衆は、御札、御符、御守で満足したが、江戸後期の民衆はかかる職業的宗教家によって与えられたものだけでは満足しなかった。そして彼等自身、呪《まじな》いの御札、御符、御守を作ったものである。即ち三日ころりが流行すると、早速家々の門戸にお札が張られた。そのお札には、次のような呪いの和歌が記されていた。

いかでかは、御裳濯川の流れには、入に崇らん疫癘の神

棟は八つ、門は九つ、戸は一つ、世は伊弉諾の流れくむ身は

武の国のはた手に靡くその人は、悪鬼悪魔を払う神風

また中には和歌に図を添えたもの、例えば、獏の絵を書き、それに次のような和歌を記したものがあった。

三日ころり、皆長き夜の夢くずよ

この呪いの効能については、「この獏といふものは、諸々の厄病を避くること妙なり。唐土にては、夢に見てもその人長命ならしむといふ」「右の画図を家内に張り置くか、同じくば男

女老若子供に限らず、着物の襟か、または帯にくけて置けば、この度の三日ころりの急病を免れて、却て長寿を保つこと疑ひなし。」というのである。咒いの和歌の他に咒いの文句を記したものもあった。例えば、

人皇五十二代、嵯峨天皇勅命

というのがあった。これは嵯峨天皇の御代、この病気が流行したという伝説に出発した咒いである。

かくの如く、宗教家の手を離れて咒いが流行していたこと、それは江戸後期宗教の一つの特相とすることができる。以下当時流行した咒いの和歌の中、興味あるもの、及びその方法を記してみる。

疫病の咒、来るとも、痢病の神は泊るまじ、わが住む宿は柊の里

疱瘡の咒　昔より約束なれば、もはじかも、病をば知らず、神垣の内

虫腹の咒　秋過ぎて冬のはじめは十月に、霜枯れ竹は虫の子もなし

喰犬を防ぐ咒　われは虎、いかに泣くとも犬は犬、ししのはがみを恐れざらめや

近火の時の火よけの咒　焼亡は柿のもとまで来れども、赤人なればそこで人丸

これ等の咒い歌の使用は、御札、御符、御守、唱名等の方法によっていた。即ち外部から自分の家に襲って来る伝染病、火災等の予防に対しては、御札的な方法、つまり咒歌を紙に認め

て戸口に張り、また特定の病気、たとえば虫腹の場合には、御符的な方法、即ち紙に書いて服用し、更に外出中の不慮の災禍から免れるためには、お守り的な方法、つまり紙に記して帯の縫目に入れるとか、懐中するとかしたものである。しかしより広く行われたのは、唱名的な方法、つまり三返唱うるというのである。幼稚ではあるが、民衆の間の咒いが、次第にそれまでの形式から離れて、自由奔放に展開しているさまを偲ばせる。

咒いには、和歌の形式をとるものの外に、文章の形をとるものがあった。今それをかりに咒文と名づくるならば、咒文には次のようなものがあった。

虫除け咒　北見猪右衛門。伊右衛門　々々々々

喉にとげの立ちたる咒　出雲国剣十郎右衛門子孫

流行病の咒　蘇民将来子孫也。蘇民将来孫嫡子。小浜六郎左衛門。ささら三八宿。品川松右術門宿。キノニノヤノハノモノ。酒あり

疱瘡流行の時の咒　越前国猪尾之峠之孫赤子

土竜をふせぐ咒　源三位頼政領分

うせ人尋ね咒　三太良コイヨ、三太良コイヨ、三太良コイヨ

病苦災難除の咒　虎の図

咒文の場合も咒歌の場合と同様に、御札、御符、御守、唱名等の方法がとられている。

これ等の呪歌、呪文は、いかにして作られ、いかにして流行したかを二、三の実例について考えて見る。元禄十四年（一七〇一）、異様の文字を門戸に張ることが突如流行し出した。そのときの状況は次の如く記されている。「いづれの国、誰人の所為ともなく、この文字を、門戸に貼りなば一切の災難をはらひ、殊に疫病の類入らざることにて侍るともてはやしければ、さあることとは皆神の御教へにてありなんと、家毎に物せずといふことなかりき。」と。無名の士によって作られたものであること、そしてかかるものに神意の顕現を見、神聖視していることが窺われる。この異体の文字によって記された呪文が、世の中に流行するに及んで、また誰人の手によってかは解らぬが、一字毎に新たに一首ずつの和歌が添加された。

次に呪画のそれも、呪文の場合と同様である。文政十一年（一八二八）に流行した虎の図についてみれば、虎の図の賛に、「朝鮮慶尚道加耶山産、当年二歳、対州府中（印）」（摂陽奇観）とされていた。この虎の実物は当時九州方面に輸入、見世物として人気を博し、大阪辺まで評判になったものである。虎のもつ霊力によって、自分の家を守護さすれば、病苦災難近づき難からんと信じたためである。これを要するに、呪文にしても呪画にしても、幼稚ではあるが、民衆によって次々に創作された点に興味がある。

呪歌・呪文に対して、呪術ともいうべきものがある。たとえば

はぎりの治る呪　寝る所の下の土を細かにふるい、本人の寝入りたる時、その土を口の中に入

るる。米を一つかみ左の手に握り、雪隠の中へはいり、その米を右の手に移して食う。
頭痛の咒　頭の上にすり鉢をのせ、その中に灸をすゆる。
犬にかまれぬ咒　手のひらに虎の字をかいてみせる。
無尽に当る咒　仏餉の米粒、鰯の頭、飯杓子、石塔の宝珠等を懐中する。

ところでかかる咒いの流行に対して、為政者はいかなる態度を取ったか。寛政六年（一七九四）美濃大垣藩は、その支配下の村々に、次の如き通牒を発している。

稲虫咒の事

多擲陀羅跋提那蛇波提
苗代の時、種一升取分け、清きいれ物に氷を入れ、右の種を水に冷し、水の上に右の文字を指にて二十一返書き、さて何程にても、苗は一つに交ぜて蒔き候へば、秋に至り虫のつくことなし。
秋になり虫つき候へば、右の文字を田毎に二十返づつ咒ひ候へば、一夜の中に虫残らず散じ候由、苗はおろし候時咒ひ候へば、虫つき申さず。
かくて咒いは、すくすくと成長して行った。

三

かかる咒いが民間に流行する過程において、かかる流行を利用して、生活する者も少くなか

った。山伏その他既存宗教家の場合は、問題ないとして、街の咒い師が続々と登場したことは、注目に値いする。例えば、

房州勝山　町人妻某　諸病まじない
麻布一本松　武士清水勝守　火傷まじない
　非人繁蔵　胎毒その他
馬喰町　武士梶田喜作　とげぬき
芝金杉　肴屋万蔵　とげぬき
八丁堀　いせや茂兵衛　疝気寸白
喜多見村　百姓伊右衛門　蛇毒

その身分についてみても、武士、町人、百姓、漁師、非人等、その専門も、火傷、胎毒とげぬき等々、多種多様であった。

咒いの効果については、当時の人は、「いかやうの病気にても治せずといふことなし。」「須臾に痛み去りて自然に治る。」「頭の瘡を咒ふに跡つかず、痛まずして自然に治ること名誉たり。」「入口の敷居をまたげば、忽然としてとげ抜くること、万に一つもたがふことなかりき。」「ただ一言よしよしといふと等しく、忽然として須臾の中にとげ抜けて常の如し。」「その術百発百中にして、一人も治せざるはなし。」等、と絶対に信用していた。咒い師の中には、民衆

の信仰をより強化するために、詐術を弄するものも少くなかった。「蛇を呼び寄すること奇妙にて、いづ方にていつ頃蛇にさされしと言へば、憎き奴かな罰し申すべし、しばし待ちて見給へといふに、暫くの間にその蛇腹をすり破り、身の痛手を顧みず、急ぎ飛んで這ひ来り、謝り入て伊右衛門に詫る由、毒蛇を自由にする術の名誉なる、代々家に伝ふる奇法といふべし。」（遊歴雑記）等と。従ってその詐術を看破するものはほとんどなかった。咒いを依頼すれば、尠からぬ謝料が要求されていたことも、また忘れてはならぬ。

江戸後期の社会に咒いの流行していたこと、そしてその咒いが民衆の間においてすくすくと発達していたこと、そして素人の咒い師の存在していたことを指摘した。上代や中世の咒いが、職業的な宗教家によって執行されたのと著しい相異である。宗教家によって行わるる咒いにしても、この国の民衆の要求に対応させたこと勿論であるが、しかしなお仏教的な、道徳的な立場を捨て得ないでいる。が一旦それが民衆の手に移されると、咒いの効果に重点が置かれ、自由奔放な展開をとげる。たとえば、陀羅尼、梵字その他、難解な文章で綴られていた咒文は、和歌や現代文字をもって置き換えられている、という具合に。

四

近世の稲荷信仰は正しい意味の神祇信仰ではなく、狐の神秘性に対する民衆の畏敬と恐怖に立脚する信仰である。従ってこの段階の信仰から更に一歩前進してわれわれの苦悩の救済を同時代の人間に待望するのはむしろ当然である。その一つは乞食六。宝暦十一年（一七六一）七月十二日死亡、大阪千日前に葬られた。その墓碑には六の像が刻まれてあった。この乞食酒好きであったと見え、面桶をもって酒樽の上に立っている像であった。酒徒この墓の石を粉にして飲めば酒量すすむ、とされていた。第二は北山寿安。名医、元禄十四年（一七〇一）三月十五日死亡、大阪天王寺町大平寺に葬られた。墓には等身の不動明王像が安置してあった。「当不動尊の石像霊験あらたにして、祈誓をかくるに成就せずといふことなし。わけて眼病を煩ふ者、必ず平愈すとて、墓前に供する水を以て眼を洗ひ、代参の者は竹筒に貯へ帰るもあり。」とされている。

この段階から、われわれの苦悩を苦悩とする人間神の出現を、民衆が待望するに至るには当然ではないだろうか。ところでかかる民衆の要求によって登場した人物また、決して完全無欠の人格者ではなく、ただ民衆の卑俗な要求に対応するだけの人物に過ぎなかった。今そうした実例の若干を挙げてみる。まず第一が久米野平内である。この男は生来殺害行為を好み、刑場の首斬り役人を志望し、寛文年間に死ぬまでに数千人の首を落していた。死後その息子の夢に現われて、「われ娑婆にありしとき、造りし罪を消滅せんには、わが姿を年経とも朽ちざるやう石を以て作り、往楽繁きところにする置き、悪報因縁の次第を書きたる札をつけて諸人に曝し、世のみせしめにする時は、悪を除き善を勧むるの功徳となりて、遂には抜苦の期に至らん。」（江戸愚俗徒然噺）というので、その子は親の希望に任せて石造を造り、浅草の雷門の外に安置したのであった。その中にこの石像は霊験あらたかということになって縁結びの神様となってしまった。この平内信仰において興味ある点は、いわゆる神でも仏でもない一介の野人、それも刑場の首斬役人が、その死後、信仰対象となっている事実である。

久米野平内においては、彼自身は自分の得脱のために石像を作らせているに過ぎぬが、お珊になると、他人の苦悩を救うという気持が強くなっている。お珊は備後福山城主水野勝成の室であった。彼女は生涯口中の病気で苦しめられ、そのために死去したのであるが臨終に遺言して、「われ一生口中の病にて苦《くるし》めり、この痛み、言外に中々語り難く、忍び難し。後世口中に悩む人、わが墳前に来りて結縁せば、必ず口中一切の煩ひを除くべし」と誓ったというのである。この痛み中々言外に語り難しという辺り、お珊夫人中々心得たものである。

大志場磯五郎夫妻は、長い間想思《ママ》の仲であったが、不幸二人とも肺を患い、世をはかなみ宝永二年（一七〇五）八月二十日暁、伝通院前で相対死した。臨終に、「末代、この病にかゝりて難儀せん人を、救護し得さすべし。」と誓ったというのである。

お珊や大志場夫妻と同じ類型のものに、秋山自雲と幸坂甚内がある。秋山自雲は摂津の生れ、家が貧乏で、早くから江戸に出て新川の商家に奉公し、実直さを見込まれて養子となり、その家を継いだ。元来熱心な日蓮宗信者であったが、三十八歳の時痔を病み、七年間苦しんで死んだ。彼もまた臨終に、「われ最早死に近づく、されば諸々仏神へ大誓願を発して、死後痔疾を憂ふる人は必ず救ひたし。今はただ日夜このことのみ願ふ。われ七ヶ年間の間この難病を受けて世の人の病を推察せり。没後必ずこの言葉を疑ふまじ。」と遺言している。この秋山自雲は江戸のみでなく、大阪でもかなり繁昌していたようである。

辛坂甚内は不良の親分で強盗、かたり、辻斬、博奕、強迫等の悪事を手広くやっていた。役人が召捕りに出かけたが、容易に捕縛し得なかった。そこで役人達は慎重評議をこらしていると、甚内がおこりをふるい疲れ切っているという情報が入ったので、この時とばかりに押し寄せて縄をかけ、遂に死刑に処したが、甚内は臨終に、「われおこりにあらずんば何ぞ召捕られん。われ永く魂を留めん。おこりに悩む人もわれを念ぜば、平癒なさしむべし。」(遊歴雑記)といっている。

かくの如く病気で久しく苦しめられた者が、同病者に同情してその苦悩を救うという形式は、すでに地蔵を説いた時触れた問題であるが、信仰対象が、同じ時代の空気を吸った、同じ人間であるところに、より親しみをもたせるのである。こうしてできた神が霊神号を取り、秋山自雲が自雲霊神、幸坂甚内が永護霊神等と称するに至った。霊神号は白川家より附与するところであったが、同家より幕府に提出した記録の中に、「霊神号の事古来より附属せしめ来り候。」という一条あるをもってみても、当時各地方にかかる霊神が続々と出現しつつあったことが察せられるであろう。明神より霊神へと信仰対象は、一歩々々現実界への歩みを進めつつあった。

霊神が臨終の誓願によって、死後神となって人々の祈念に応えるのに対し、教祖信仰の段階においては、生前に神としての自覚を得、もって人々の苦悩を救済するというのである。といったところで、現存している諸派の教祖のみがそうした段階に到達したのではなく、霊神的宗教形態は必然的に教祖的宗教形態へ発展し、多くの教祖的人物を生んだのであるが、その多くが淘汰されて極少数のものだけが残存したと考える方が、事実に即した妥当な見解であると思う。いまいわゆる教祖に先行する一人の教祖的人物を挙げてみる。その姓名は詳かでなく、ただ何右衛門と称したことだけしか解らぬ。本来狐と巫を使って祈禱をする寄祈禱師であったが、後には狐も巫もやめてしまって、自分の体に直接神様が乗り移られたといって種々のことを喋っていた。つまり自分が神様であるという自覚に到達していたのであるが、洗錬されたものでなかったことは、「これを信ずる痴短漢ども、講社を結び、衆盲つどひ悦ぶ。かの横道者が喋り立つる声を、あの声は熊野権現様、これは春日大明神様などと称して、溺れ貴ぶ。これらは極々の馬鹿者、真の狐に化さるるよりもなほ三等も上なる大痴拙なり。この講中という人に、余が知りたる者ありしが、終に身代を失ひうろたへし。」（闇のあけぼの）という当時の識者の意見に徴しても明らかである。

五

こうした雰囲気の中に生れ、そしてそれを浄化したのが、黒住教祖黒住宗忠、金光教祖川手文次郎、天理教祖中山みき等である。黒住宗忠は岡山郊外の神職の三男である。彼が青年期に入ってからの理想は、「生きながらにして神となる」ことであった。そして三十五歳の正月、肺病で重態に陥ったとき、「自分は生きて神になることが出来ぬのならば、むしろ死んで神となって世の人を救済しよう」という覚悟を決めている。その中に病気も快方に向い、十一月神としての自覚に到達した。神となって間もなく、女中の腹痛を日の神の陽気を吹きかけて治癒させた。

川手文次郎は、黒住宗忠と同じく岡山の百姓の次男、信仰心強く、霊験あらたかな神社仏閣は勿論のこと、当時社会を風靡していたいわゆる民間信仰をも心から信仰していた。殊に山伏等の高唱する金神の災厄に対しては、強い恐怖を感じていた。二十四歳から三十七歳までに再三家屋の修築をしたが、その都度日柄、方位等に細心の注意を払っている。しかしそうした細心の注意にかかわらず、金神の祟りによって自分及びその家族に不幸が続いて起った。しかし彼は決して金神を怨もうとせず、常に、「人の知は短し」といってますます神を念じた。そして彼は新しい一つの信念に到達した。「神とも名のつくものが、人に災ひするとは不思議である。災ひする力があれば、又必ず人を助くる力がなければならぬ。自分はこれに近づき、一心を捧げん。」というのであった。ついで神憑りがあって、安政五年（一八五八）十二月二十四日、文治大明神の神号を授かった。翌六年十月二十一日には、立教の神宣、「此方やうに実意叮嚀に信心致してゐる氏子が、世間になんぼうも難儀してゐる。取次助けてやつて呉れ。神も助かり氏子も立行き、氏子あつての神、神あつての氏子繁昌し、末々親にかかり子にかかり、あいよかけよで立ち行く。」というのがあった。かくて神の取次としての自覚を得て、その上に活躍したのである。

天理教祖中山みきは大和の片田舎の百姓の長女、十三歳のとき中山家に入嫁した。彼女もまた素朴な民間信仰の熱心な信者であった。天保九年（一八三八）十月二十三日から二十六日まで、神憑りを受けて、神としての自覚に到達している。

これを要するに黒住教、金光教、天理教ともに、現世において神としての自覚に到達し人々の苦悩を救済するというので、近世における宗教の展開を理解さえすれば、何も新奇なものではなく、黒住教や天理教においては、神位に到達して以後の教祖の生活が、病気治癒に終始している点までそのままである。しかし金光教は、その点少しく異ったものをもっている。金光教の宗教史上の功績は、他の諸宗派が多く病気治癒に終始しているのに対して、福徳を与えるという点、換言すれば祟りの神金神を福徳の神に転化させている点にある。勿論金神の福神化それ自体は、決してこの教派の独創ではなく、近世都市の発展に対応して、山伏が発展させつつあったものである。金神は、要するに方位の祟りであるが、その祟りを緩和するのは歳徳神《としとくじん》である。この神の方向を兄方《えほう》、縁起を貴んで恵方の字をもってこれに宛て、凶殺をさけ吉瑞を得る大吉方であるとして、山伏は商家をしてこの神を祀らしめた。商家では大晦日より正月の晦日まで、恵方に向って、歳徳棚を設け、歳徳神を祀り注連をひき、松竹を立て、供物、灯花を献じた。この歳徳神より天地金の神への神格の発展は左程大なる飛躍ではない。要するに金光教祖は、山伏によって発展せしめられつつあった金神信仰の、最後の一段落を発展せしめたに過ぎぬ。

以上私は、近世における宗教思想の展開を、現世利益的側面について分析してみた。そして、仏教が展開させる余地が、極めて狭くなっている事実、そしてまた、神道においては、仏教思想の場合よりも展開が可能であったこと、しかし民衆の無際限の要求には、神道といえども応じ得るものではなかったこと、かかる欠陥を目指していわゆる類似宗教が簇生した。その最も進化したものが教祖信仰であることを明らかにすることができた。

第三部　排仏論の展開

第一章　儒者の排仏論

一

江戸時代の儒者、国学者、洋学者、その他学者と言われた人々で、仏教排撃的傾向のなかった者は絶無に近い。よし排撃の重点は、その思想の出世間性、非倫理性、非科学性、非日本性、或いは現実にそれが封建社会に与うる害毒、そしてまた封建経済に対する重圧等、必ずしも一定はしていなかったとしても。そしてそれら排仏論中、社会に最も喧伝され、かつ最も多きな影響を及ぼしたのは、儒者の排仏論である。今かりに著名な排仏論者を、年代順に挙げても、藤原惺窩（一五六一―一六一九）、中江藤樹（一六〇八―一六四八）、谷時中（一五九八―一六四九）、林羅山（一五八二―一六五七）、山崎闇斎（一六一八―一六八二）、山鹿素行（一六二二二—一六八五）、熊沢蕃山（一六一九—一六九一）、伊藤仁斎（一六二七—一七〇五）、佐藤直方（一六五〇—一七一九）、新井白石（一六五七—一七二五）、荻生徂徠（一六六六—一七二八）、室鳩巣（一六五八—一七三四）、富永仲基（未詳、一七四四頃）、安藤昌益（未詳、一七五三頃）、五井蘭州（一六九七—一七六二）、蟠養斎（一七〇五—一七七八）、中井竹山（一七一七—一八〇四）、中井履軒（一七二六—一八一七）、頼山陽（一七七二—一八三二）、帆足万里（一七七八—一八五二）、藤田東湖（一八〇六—一八五五）、正司考祺（一七九三—一八五七）、藤森弘庵（一七九九—一八六二）、会沢安（一七八二—一八六三）、平野国臣（一八二二—一八六四）等多士済々である。それらの中、富永仲基、中井竹山、中井履軒、藤田東湖、正司考祺、会沢安等の排仏論は、後章において論ずるので、本章においては、それ以外の儒者中、その議論に特異性をもつ排仏論者、藤原惺窩、林羅山、熊沢蕃山、荻生徂徠、安藤昌益、蟠養斎の排仏論を略述することとする。

二

藤原惺窩（一五六一—一六一九）は、日本儒学の創始者。彼ははじめ禅宗の僧侶で、後還俗した人である。即ち少年時代、郷里播摩の竜野において出家、蕣首座と称し、仏教及び文学を修めた。十八歳、京都に遊び、建仁寺妙寿院に寓して研究精進、五山第一の文学者として喧伝された。しかるに封建制の再編成に伴う思想界の動向は、彼をして、仏教の出世間主義に不満を感ぜしめ、遂に三十余歳に至って還俗せしめた。彼が還俗せんとするや、これをとどめたのは、承兌であった。その時承兌が、「真あり、俗あり、今足下真を棄てて俗に還へる。我ただ執払鉗槌を惜むのみにあらず、また叢林のためこれを惜む。」と言ったのに対して、惺窩は、「仏者よりこれを言へば、則ち真諦あり、俗諦あり、世あり、出世あり。もし我を以てこれを観れば、則ち人倫みな真なり。未だ君子を呼んで俗となすを、聞かざるなり。我恐る、僧徒すなはちこれ俗なることを。聖人何ぞ人間の世を廃せん。」（尻塩）と答えたと言われて居る。仏教の出世間主義を排撃、儒教の倫理綱常性を強調して居る点を注目せよ。彼の随筆、千代もと草は、その排仏論を示す好文献であるが、その一節に、「もろこしにては、儒道といひ、日本にては神道といふ。名はかはり、心は一なり。……天竺の仏法日本へ渡りて、不思議神変なることを説き聞かするによりて、人これに心を寄せて、神道衰へたり。釈迦仏は天竺の人なり。天竺国の人は、心すなほならずして、国をさまらず。仏難行六年、苦行六年、十二年の間、檀特山といふところへ引籠り国の治めやうを工夫して、仏法といふことを説き給ふ。はじめは、心といふものはあるものと説き、また中頃は、心は空なるものと説き、後には心はあるものにもあらず、なきものにもあらず、中道実相と説き給ふ。……かくの如く仏のいろ〳〵に説き給ふは、その人々の気に応じて、心をすなほにして、万民をやすくおかんためなり。仏の心持も有難し。しかるに今の世の出家だち、身のすぎはひのなかだちに、仏法を説くによりて、みな人心迷ふなり。釈迦如来の直の弟子、阿難、迦葉をはじめて、欲に心を汚されまじきために、物をも身に蓄へずして、毎日乞食に出で、その日〳〵の食ばかりを求め給ふ。今時の出家たち、財宝を積み蓄へ、堂宇に金銀を鏤め、綾錦を身にまとい《ママ》て、祈り祈禱をなして、後生をたすけんといひて、人の心を迷はすること、仏の本意にもあらず、まして神道の心にもかなはず。」として居る。つまり仏教は、本来倫理的宗教であるにもかかわらず、僧侶の奢侈堕落が、かかる仏教の真精神を歪曲せしめ、社会に害毒を流して居る、というのである。そして語を続けて、「世の妨げとなるものは、出家の道なり。」と結論して居る。ここに禅宗出身の宗教的思想家としての彼の面目、躍如たるものがある。

三

林羅山（一五八三―一六五七）は、官学の開祖、また日本儒学の全面的展開に重大なる寄与をなした人で、藤原惺窩門下の逸材である。惺窩においては、なお多分に宗教性をもち、修身斉家の倫理的範囲にとどまっていた朱子学を、彼は儒学本来の面目たる治国平天下の理論にまで拡げ、以て封建的政治の指導精神にまで高め、儒学の地位を確立するに、絶大なる貢献をなして居る。

彼の排仏論は、彼の負えるかかる歴史的役割において理解出来る。まず惺窩の如く、仏教の出世間主義に対して、攻撃の矢を向けた。即ち、「それ道は、人倫を教ふるのみ。倫理の外、何ぞ別に道あらん。彼は世間を出づといひ、方外に遊ぶといふ。然れば則ち、人倫を捨てて、虚無寂滅を求むるなり。」「これを要するに、浮屠氏は、畢竟山河大地を以て仮となし、人倫を幻妄となし、遂に義理を絶滅す。わが道に罪あり。」として居る。しかし彼は、この段階にとどまらず、具体的に、それと関聯せしめて、仏教の非倫理性を、蘇我馬子、玄昉等々の実例を指摘して、攻撃して居る。また寺院の反封建性についても、「それ浮屠の訟あるや、僧録を司るの者、曲直を論ぜず、真偽を議せず、ただ直にこれを断じて曰く、寺法これありと。官以て然りとなす。宰相以て然りとなす。それ然らんや。あゝ寺法なり、山伏の法なり、瞽者の法なりと。豈法ならんや。」（羅山文集）と批難して居る。更に寺院の国家経済に対する重圧も、すでに取上げて居る。かくの如く、羅山の排仏論は未だ極めて素朴であるが、排仏に関する種々の問題を一応提出して居る点、注目に値いする。

四

熊沢蕃山（一六一九―一六九一）は、江戸時代前期における陽明学の代表者である。藤樹の門に学び、その示唆によって陽明学に転向、研鑽すること多年、池田光政に重用せられ、経綸家として、又学者として名声を高めた。彼の仏教論を示す著書に、集義和書、集義外書、大学或問がある。

ところで彼の仏教理論に対する批判は、その出世間性にある。その理由としては、「仏氏の学は、死を畏るゝによれり。」「仏氏剃髪人倫を棄つるは、輪廻を恐るればなり。天道輪廻なし。しかるを輪廻を言へるはまどへり。」とし、かかる輪廻観から来る後生のすすめを、キリシタン流布の先行型と規定して居る。即ち「北狄は外邪なれば治し易し、吉利支丹は内病なれば治し難し。この内病の生ずる根本は、人心の迷ひと庶人の困窮によれり。迷ひとけ、困窮やまば、根を絶つべし。仏法の後生の勧めにたよりて、それよりまされる法を作りて導くなれば、畢竟仏教はキリシタンの先達なり。」というのである。同じく輪廻観に立つ点には批判の余地があるが、禅宗は、後生のすすめを強調しないので、他の仏教諸宗派と比すれば卓絶して居るとし、「唐にても、初は仏流わかれて弘まりしかども、他は次第に衰へて、たゞ禅学のみ残れり。日本も後はさ様になり行かなん。それ人は易簡なることにより易し。一向宗など易簡なる立法なれば、これに帰する者多し。浄土宗、日蓮宗も、後は一向の易簡に習ひてひろくなりぬ。近年文明にしたがつて、地獄、極楽等の説を信ずることうすし。これより後はいよ〳〵さあるべし。禅宗はむつかしきことなく、易簡に教へて、しかも悟りとて、さのみ後生の地獄にかゝはらず。これ文明の時にあへり。」として居る。しかしそれは、本来の禅宗について言えることで、現在の禅宗は思想的にも堕落して居る。つまり、「今の禅は、愚夫愚婦のよらんことを欲して妙をいふ。これ利心なり。祖師の伝来に背けり。このことなくば、いよ〳〵盛んになりて、他宗はみな押されつべし。」（集義和書）というのである。

問題が現実の寺院、僧侶の問題となると、彼の批判は峻烈となる。キリシタン弾圧のための檀家制度の実施が、僧侶を堕落せしめた事実を、「仏法の盛んなること、年々にいやまして、仏教の世を靡かしぬること、千有余年なり。ことに五六百年このかたは、仏者無道にして驕れり。近年吉利支丹渡りしよりは、出家の心行ひたすら盗賊に同じ。驕りすでに極り、亡びをまつばかりなり。」（集義外書）として居る。寺院の浪費は莫大である、と彼は言う、「堂宇の多きと出家の多きとを見れば、仏法出来てより以来、今の此方のやうなるはなし。仏法を以てみれば、破滅の時至れり。出家も少し心あるものは、今の僧は盗賊なりといへり。」（大学或問）という状態であった。一方武士、農民の困窮は、「国々の諸士は、今は中々驕るべき力もなく、それはさてをき、倒れかゝりたれども、修理すべきやうなし。……百姓はなを〳〵困窮し候へば、屋作は秋の取入れもならぬ程のことなり。」という実況である。今かりに寺院の浪費を中止して、武士、農民の住宅を修理したとすればどうなるか。「江戸、大阪諸国の多少をならして、一年の堂寺に入用にては、二十ヶ国の士屋敷は竪固になるべく候。三年にては国々にわたり申すべく候。六年にては、天下の町人、百姓の迷惑人の家、残らず修理なすべく候。」（集義外書）ここに経済学者としての彼の意見が生まれる。ただその場合、当時の一般学者の懸念するところは、かく仏教を弾圧することによって、キリシタンをどう処理するかが問題であった。それについて彼は、キリシタン防止について、寺請制はどれだけの効果もなかったことを、実例を以て示し、「今の寺請は、何の用にもたゝず、殊の外なる国々の費なり。」として居る。

そして堂々と、新しい防止法を提言した。それが彼の寺院整理論、「寺は里を去ること十五町なり。町はいふに及ばず、少しの在家でも十五町を隔つる法なり。町家、在家と軒を並べたる堂寺は仏の法にあらざれば、あき次第にたたみ置いて、山寺の堂宇を修理せんに余りあるべし。観音も清水、長谷の霊地ばかり残りて、他は勢い次第たたまるべし。薬師も因幡薬師など名あるばかり、山寺のあき地に引かるべし。その余は推して知るべし。」であり、また、彼の戒牒制復活論、「何の国何の郡何の村なにがしといふ者、出家を願ふ時、その村中、外村の親類までも寄合、戒定慧の三学をかねて、出家を遂ぐべきものなれば、その郡の奉行に達し、御朱印給はりて、はじめて出家す。」（大学或問）である。彼はかかる議論を唱えたため、僧侶の憎怨するところとなった。そのことは彼の友人が、「天下の仏者、貴老を仏敵なりと申候。仏者には我慢邪心の者多く、貴老を害ありとして、失はんことをねがふ者候。」と忠告していることによって窺われる。しかし彼の仏教論は仏教改良論的傾向をもつもので、畢竟「仏法を退けんよりは、よくしたく候。」（集義外書）に帰着するのである。しかしまた彼のかかる議論が、岡山藩の廃仏毀釈の理論的基礎となったことも事実である。

五

荻生徂徠（一六六六―一七二八）は、古学派の巨擘である。彼の排仏論は、寺院、僧侶の社会に与うる害毒に対する救済策である。まずいかなる点に害毒があるとして居るか。「当時は、諸宗一同に、袈裟、衣、衣服の体おごり甚し。これによりて物入り多き故、自然と金銀を集むることを巧んで、非法甚し。」「戒名のつけやう殊の外にみだりにて、上下の階級出来し、世間の費え夥し。その他諸宗の規則も今は乱れて、多くはわが宗になき他宗のことをし、銭取りのために執行ふたぐひ多し。」と、畢竟浪費と搾取である。かかる害毒を除去するには、いかにすべきか。それには、僧侶の素質の向上、そしてそのためには、度牒制を速時実施すべしというので、「度牒再興せずんば、出家の治はなし難かるべし、……一宗々の本寺に戒壇を立てて、それより度牒を出すべきことなり。第一、僧に紛るゝ者あるまじ。出家の数も減少すべし。戒律の方より、出家の奢りもやみ、殊勝になるべし。ただし戒律を律宗の如くせば、諸宗に通用し難し。……ただ当時の風俗に合せて大乗戒を用ひ、奢りを静め、僧の悪風をとどむることを主とすべし。」（政談）として居る。

安藤昌益（未詳）は、農本主義的社会思想家として、最近学界から注目され始めた人物である。その経歴は、秋田に生れ、陸奥八戸において医を業としていたこと、その文筆活動が、宝暦年代に属していたこと位しか知られて居らぬ。その著書に自然真営道、道統真伝がある。彼の社会的理想は、収取なき直耕、換言すれば、自然的生活であった。彼は全宗教を批判して居るが、それはかかる直耕を収取する者の支配する社会のイデオロギーとしての宗教に対する批判であった。即ち、「儒書、仏書ともに、自然真道の本体なる直耕の妙序を顕すことなく、これを埋めて、みだりに天地、日月、男女、君民、仏衆、上下、尊卑、善悪等、すべて二別の教門を立て、二にして一真気なる真道を盗み、天下を迷はす。自然の道を知りてこれをなすか。知らずしてこれをなすか、もし知りてこれをなすとせば己を利せんがために、天道を盗むなり。」「地獄、極楽をこしらへて、衆人の信施を貪り食ふ売僧の仏法といふことなければ、虚偽利己の巧言に誑されて、迷ひ狂ふ者もなし。売僧の法なければ、貪り食ふ乞人、非人、念仏鉢願人、山伏等の賊徒もなく、売神の法なければ、祈禱を売つて誑し食ふ徒ら者もなく、売仏、売神なければ、寺社建立等の天下の妄害大費もなく、」(自然真営道)等として居る。

蟠養斎(一七〇五—一七七八)は、三宅尚斎の門人、はじめ尾張藩の儒臣となったが、後辞して大阪において講説、後阿波侯に招聘された。その排仏論は、理論的には、他の儒者と同じくその出世間性をついて居る。「仏の教も善をせよとは勧むれども、主、親はかりの世の恩、仏は後の世まで助くる恩とみて、いかほど忠孝をしても、それは軽き善なり、仏を頼まねばよきところへは生れぬといひ、仏を貴み、寺を作るをすぐれて重き善とし、忠孝をその次とす。……まことの忠孝のしかたに背く。」「世法を守るが即ち仏法ともいへども、忠孝より貴きものを立て、この世より後の世を重きと立つる故、世法をば軽しめて、後世の営みを重にす。」というのである。次に社会的には、その浪費性を問題として居る。「それをすすめる僧は、やす〳〵

と人の宝を貰ひ、大勢の人数を使ひ、栄耀に世を渡れり。天下の費は限りなし。」と。かかる弊害をもつ仏教は何故流通したか。それは、「畢竟このはびこりたる大本は、第一、学校なくて、人道の貴きを、人々篤と弁へず、第二には、葬と祭とを仏法にまかされ、この二つによつてますく\はびこれり。」のためである。従って仏教を弾圧するには、根源に溯り、「天下を治むる御身にては、まづ早速天下に命じ、儒を貴み、学校へ入る者の家は仏法を離れ、儒を宗旨とし、その宗旨の改めは、儒の師に請合せ給ふべきことか。」つまり学校を設立して、民衆の教養の水準を高め、かつ儒葬祭を宣伝して、仏葬を捨てしめること、が必要である。しかして廃仏は、慎重に行うべく、「未だ学校もたたず、学問の行渡らぬ内には、仏法をみだりにやめさせ難けれど、畢竟やめさする心得はあるべし。学問行渡りて、我道のまさるをのみこむ頃より、そろく\と仏法の害を説き、時節をみあはすべし。人君の勢にて、一旦につぶさするは、気味よきやうなれど、その根をかためねば、あともどりしやすく、結局盛んになるものなり。しかれどもその時節来りたるに、うかく\と過して、やめさせずに置くは、もとより宜しからず。又た《マ》だめた《マ》と仏法を嫌ひ、これをいひこなし、これをつぶすばかりにて、儒教を弘むることなくては、益なきばかりにあらず、その害甚し。」（治邦要旨）として居る。

第二章　懐徳堂の排仏論

一

懐徳堂というのは、享保十一年（一七二六）に、幕府の保護と、鴻池等富豪の後援の下に、尼崎に開かれた学問所である。大阪において、儒学が鞏固なる基礎をもつに至ったのは、ここを以てその端初とする。その創立者は、三宅石庵（万年）と中井甃菴である。ついで五井蘭洲、中井竹山、中井履軒の如き有能な学者が、そこにおいて講学し、竹山及び履軒の門生から、山片蟠桃の如き傑出した思想家が出て居る。懐徳堂の思想的基調は、朱子学である。ただし他の場合と異るのは、その批判的、合理主義的学風にあった。かかる懐徳堂の学風の中から、排仏論中、最も批判的、合理主義的傾向の強烈な、富永仲基、中井竹山、中井履軒の排仏論が生れ出たのは、宜なるかなである。

二

まず富永仲基の仏教論から述べてみる。仲基（未詳）は大阪の書肆主人、彼の父は、懐徳堂の創立関係者の一人である。通称を道明寺屋吉兵衛という。懐徳堂三宅石菴の門に学んだ。しかし彼の思想的傾向は、歴史学的である。まず説蔽を著し、儒教諸子を批判したので、石菴から破門された。しかも彼は些かもその所信をまげず、ついで仏典を研究して、出定後語を著し、仏教を批判した。この間の事情を、平田篤胤は、「三宅万年と申すその頃の大儒に従ふて漢学を致し、大きに御国に害あることを発明致し、説蔽といふ書をつくりて、万年に見せる処が、三宅は儒者のこと故、立腹して相用ひず。よつて富永仲基は、万年の門人を相断り、それより進んで仏書を読み、かの不凡の玄才を以て、仏法の経論残らず読み尽し、唐日本の僧学者はもとより、かの釈迦の生国、その仏法の本国、嫡々相承の祖師智識と仰がるる名僧智識も、かつてみとらず、考へ出さぬところの明説を言ひ出だし、諸仏経は一部一冊として、釈迦の真経でなく、皆後世の偽作なる由を発明して、名さへ出定後語といふ書二巻をあらはし」（出定笑語）たと記して居る。

出定後語の著述されたのは、延享元年（一七四四）のことである。彼は同書において、彼の仏教経典の歴史的研究の成果を、教説前後第一、経説異同第二、如是我聞第三、須弥諸天世界第四、三蔵阿毘曇修多羅伽陀第五、九部十二部方等乗第六、涅槃華厳二喩第七、神通第八、地位第九、七仏三祇第十、言有三物第十一、八識第十二、四諦十二因縁六度第十三、戒第十四、室娶第十五、肉食第十六、有宗第十七、空有第十八、南三北七第十九、禅家祖承第二十、曼陀羅氏第二十一、外道第二十二、仏出朝代第二十三、三教第二十四、雑第二十五、の二十五章に盛り、仏教展開の諸相を明らかにした。たとえば教説前後第一においては、次の如きことが述べられて居る。大乗、小乗の仏典は、同時に成立したものでなく、小乗の三蔵成立して後、文殊の徒ありて般若を作り、前記に加上し、次に法華氏、華厳氏、涅槃氏等ありて、更に前説に加上したものが、大乗教である。しかして法華、華厳、般若等が、後代になれるものであるばかりでなく、小乗の阿含経もことごとく釈迦の金口に出づるものとは信じ難く、幾百年にわたり口授伝承する間に、改竄潤色をせる部分も尠くない。又謂ゆる仏説中には、外道説の混入して居るものがあるというのである。そして最後に、「これ諸教興起の分、みな、もと相加上するに出づ。その相加上するにあらずんば、則ち道法何ぞ張らん。すなはち古今道法の自然なり。しかるに後世の学者、みな徒らにおもへらく、諸教はみな金口親しく説くところ、多聞親しく伝ふるところと。殊に知らず、その中かへつて許多の開合あることを。亦《また》惜しからずや。」と結んで居る。また須弥諸天世界第四においては、「須弥楼山の説、みな古来梵志の伝ふるところ、迦文特に依て以てその道を説く。その実渾天の説を是となす。しかるに後世の学者、徒らにこれを張り、以て他を排するは、仏意を失せり。何となれば迦文の意もとここにあらず。民を救ふの急、何の暇あって、その忽微を議せん。これ謂ゆる方便なり。」と結論して居る。

仏教は、玄即ち神秘を貴び、儒教は、文即ち理論を貴ぶ。しかしそれは国民性の相違に基くものである。「竺人、無量無辺等の語を好む、その性、然り。漢人の文辞、佶屈の語を好み、東人の清介、質直の語を好む、亦《また》その性然り。また芥子、須弥、因陀羅網の喩の如き、またその民心好むところ、かくの如き等の喩多くあり。これ則ち幻にもとづく。漢人も三淵、平象、三耳となすと雖も、これ則ち文にもとづく。東人は則ちこれらの喩を好まず、ただ直切の語をなすのみ。」と。僧侶も儒者も、かかるインド的性格、支那的性格を知ることが必要である。「凡そ天下の僧伽、もし仏幻をかるを知り、天下の儒史、もし儒文によるを知らば、則ちその道に於けるや、なんぞただ一咫一尺ならん。」と。そしてかかるインド的性格、支那的性格への執着から解放さるる時、はじめて大道現前する。「仏の淫するところは幻にあり、儒の淫するところは文にあり、これを捨てて道にちかし。」と。そしてまたその時、仏教も儒教も、結局倫理に帰着する。

「諸法相万すといへども、その要は善をなすに帰す。苟《いやし》くもよくその法を守りて、各々善をなすに篤くば、則ち何ぞ彼此を択ばん。仏も亦《また》可なり、儒も亦可なり。苟くも善をなすものは一家なり。いかに況んや同じく仏を宗として、その派を異にするものをや。徒らにその派の異あるを争ふて、善をすることなきものは、吾これを知らず。文もまた可なり、幻もまた可なり。その志まことに善をなすにあらば、則ち何ぞ不可ならん。徒らに幻と文に淫して、善をなすにあらざるものも、亦《また》吾これを知らず。」（出定後語）と。これを要するに、彼の仏教論は、それまで儒者が仏教理論を批判する時、皮相的に、また単に、出世間的であり、非倫理的であると規定したのに対し、異色ある議論である。また儒者が、ともすれば感情的に仏教を排撃せんとする傾向あるに対し、科学的に、歴史的に、仏教を再検討、かつ仏教の現代的意義を、開顕せんとする熱意が窺われる。かく観じ来たる時、彼は時代仏教学に対する痛烈無比の批判者ではあっても、従来考えられている如く、彼れ自身必ずしも排仏論者ではない。ただしかし彼の研究が、排仏論者に利用され、その有力なる理論的武器となったことは事実であるが。

三

仲基の仏教論が、仏教思想を歴史的に究明せるに対し、中井竹山、中井履軒の仏教論は、仏教の封建社会に対する衝撃を曝露、その弾圧の方法を示して居る。

中井竹山（一七三〇―一八〇四）は、懐徳堂の創立者中井甃菴の子、弟履軒とともに、五井蘭洲に師事して、儒学の蘊奥を極め、後懐徳堂の教授となった。その思想的立場は、彼自身、「学術は申上げ候までもなく、朱学の外はこれなきことにて候。」として居る如く、朱子学である。がしかし、朱子学の単なる祖述ではなかったこと、「愚の篤く程朱を信ずるは、全体本領のところにあり。経説に於いては、かつて回護せず。」（竹山国字牘）の言葉に窺われる。要するに彼においても、批判的傾向が顕著であったのである。従って林家の朱子学とも、また山崎闇斎の一派とも妥協せず、特に闇斎の学風に対しては、排撃的態度をとっていた。著書に、草茅危言、逸史、非徴、洛陽志、淀陰集、詩律兆、竹山文抄等がある。その中排仏論書として注目すべきは、草茅危言である。以下同書に就いて彼の排仏論の輪廓を記してみる。

彼は宗教に対しては、全面的に否定的態度をとり、「凡そ鬼神に祈念立願するは、人心の大惑にて、自ら利するの私心を発し、君子の堅く誡めて、深く絶つところなり。」と言い、社会的に最も勢力ある宗教である仏教に、攻撃の重点を選び、「仏法は天下古今大害たること言ふを待たず。またいかなる凶悪不祥のものなるにや。」とまで極言して居る。そして社会的害毒が顕著であると彼が思惟せる点、寺請制に伴う僧侶の横暴、一向宗、虚無僧等の社会秩序紊乱、寺院内の淫祠邪教等を取り上げ、仏教徹底的に排撃せざるべからずとの見解をとった。しかし民衆の間に深く根を下した仏教である、すでにある藩においてその廃絶を意図して失敗した仏教である。かくて、国家の実力を涵養、有効適切なる宗教政策を樹立することが肝要である、という結論に到達した。「千有余年染籠みたる仏氏の害、何として一朝に芟除し尽さるべきや。故に政治を能くし、国家の元気を養ひ、折々起る邪説の害の分を去り、甚しきを押へて、生民を害すことなからしむべし。」と。また学校教育を振興、民衆の教養水準を向上せしめることが、考慮されねばならぬとする。「天下に学校広く設くべきにあり。王政の功要にして、異端を排せんがため計るのことにはあらねども、かねてその功を収むるによろし。その師儒たる者、孝悌礼儀の道を教諭する余力には、福田利益の虚偽たるに、三世輪廻の妄誕たる、天堂冥府の荒唐たることを反覆誨論し、一向宗旨の、尤も鄙俚浅近言ふに足らざる趣解説せば、愚氏の惑ひも漸を以て開明すべし。父老は旧蔽深くて回し難くとも、子弟の分は一新の機必ずあるべし。この通り懈弛無くして三十年を経たらば、旧惑の父老は皆無なり。今日一新の子弟、世に立つ様に成りて、民財宝を土芥にして、本山に施入するは大いに減ずべし。」と。ところで眼前の仏教に対する有効適切なる政策は何か。それは、寺院整理、僧侶整理、淫祠淘汰であるという。

まず寺院整理のためには、第一、寺院を新建することは禁止され居るも、再建の名目の下に新建せる寺院尠からず、それら寺院を破却すべし。第二、御当代に関係なき寺院、たとえば足利氏建立の寺院の如きを破却すべし。第三、寺僧罪を侵せば、当該寺院を破却すべし。第四、聚落内に存在する一向宗寺院、再建の場合縮少すべし、等々の諸方法をとるべしとした。

次に僧侶の整理については、度牒制を実施すべしとした。その理由は、「これは異端の害を抑ゆる第一番たることとなれば、この法は必ずありたし。ましてかく太平打続けば、生歯日に繁く、賤民衣食に艱むより、信心も帰依も姑く差し置き、渡世一遍に出家するも夥しきことなり。又不律の僧は天下に満ちたれば、内産の生育にて、生れながらの僧尼も限りなし。度牒の法立ちたらば、これにて糺すこと、尤も端的なるべし。」である。

宗教の全分野に渉って、淫祠を列挙して居るが、今寺院と直接関聯するものを挙げてみれば、「稲荷、不動、地蔵を祀り、吉凶を問ひ、病を祈り、よつて医者方向をさし示し、或ひは医薬をやめ死に至らしめ、蛭子、大黒を祀りて、強欲奸利の根拠とし、観音を産婆代りとし、狐狸の妄談、天狗の虚誕、いささかの辻神、辻仏に種々の霊験をみだりに言ひ触らし、仏神の夢想に託して、妄薬粗剤売り弘め、男女の相性、人相、剣家相を見るの類邪説横流し、愚民を眩惑矯誣するの術にあらざるはなし。」という実状であった。そしてかかる淫祠に対しては、「かかる怪妄世界、頑鈍風俗まことに難ずべし。憫むべきの甚しきなり。請ふ、速かに淘汰を加へ、厳禁を施し、将来を懲したきものなり。」と、厳禁すべしというのである。

為政者がかかる政策を実施する場合、くれぐれも注意すべき点がある。まず、漸を以て行うことである。彼は言う、「にわかにこれを除かんとて、驕るに厳刑を以てすとも、迷溺深き人心、却つて変故横出して、大いに平民の害を招くべし。」と。また、害毒甚しき点にとどめねばならぬ。彼は、「いかに害あればとて、悉《ことごと》く殄滅せらるるものにあらず。唯その泰をさり甚を除き、邪を押へて正を害せしめざるは、后王裁輔の内に寓す。」として居る。草茅危言の排仏論は、概要上述の如くである。簡にして、しかも要を尽している点に注目せよ。廃仏毀釈の聖典とされたのも宜なる哉である。

四

中井履軒（一七三二―一八一七）は、中井竹山の弟、兄とともに五井蘭洲に師事、朱子学を修めた。最も経済の学に長じ、治国平天下の要究めざるなし、と言われた。竹山の没後懐徳堂にあって学生のために講説、また諸侯の招聘する者尠くなかったが、すべてこれを謝絶、ひたすら研究に精進した。朱子学に拘泥せず、広く諸学を摂取、一家の見を樹てた。つまり批判的であり、独創的であった。著書に年成録、攘斥茅議、浚河茅議、均田茅議、恤刑茅議、華胥国物がたり、七経彫題略、七経逢原、通語、伝疑小史、弊帚集等がある。それらの中、彼の排仏論を見るべきものは、攘斥茅議と年成録とである。以下この二書を中心に、彼の排仏論の内容を検討してみる。

　彼の排仏論は、竹山のそれと、多くの共通点をもって居る。しかも竹山もかなりの敬意を払っていたものの如く、草茅危言の中で、「右に述る所仏氏、寺院、出家の三款について、尚又陳列せんと欲する条件あれども、幸に家弟の私に草す攘斥茅議一巻あり。これよく鄙意と合ひて、箇条も頗る詳かなり。今その意を取て呶々するにも及ばず、その巻を写してこの編に付し置けば、後に覧る人あらば、併せ按ぜられんことを請ふのみ。」と言って居る。彼は竹山と同じく、宗教一般に対して否定的であった。即ち、「仏法はわが国の蠹なり。絶え果てなばいとよきことなれど、千余年あり来りしものなれば、にわか《ママ》に絶ち棄つることは難し。また仏法絶えば、神道熾盛になりて、別に害を生ずる萌しもあれば、その害は一なり。并《なら》べ存するも可ならん。」として居る。ただしその攻撃重点は、他の排仏論者の場合と同じく、仏教、特に浄土真宗と日蓮宗であった。即ち浄土真宗については、「ただ行末国家の大害となるべきは、一向宗なるべし。この手当今に当りていかがすべき、噫。」と、また、日蓮宗については、「法華宗は中にも毒ふかし。その害一向につぐべし。」として居る。そして彼の理想は、徹底的廃仏である。しかし現在はその時期ではない、とするのである。彼は言う、「宗旨証文は停止してよきことなれども、邪法の吟味には、少し益あれば、暫くもとの如くにて置くべし。里民の惑といふものは、ここに枯るれば彼に生ず、野中の草のごとし。今までの宗門の外は、厳禁なれば、しばらくこれにてよし。後世この惑ひ、民心をはなれて、別法のおこるべき慮なき時を待ちて、都会及び村里の内外にある寺を悉く《ことごと》毀撤して、証文を停止すべし。またその後民風いよいよ定りたる時に、山中の寺まで皆毀撤すべし。今は時節はやし。」と。ここに眼前の宗教政策としては、仏教の弊害を可及的に稀少ならしめるという方向をとることとなる。そのためには、寺院・僧侶を整理することが必要である。彼は言う。「とまれかくまれ、寺の数を減じて僧の員を少くするにあり。員数減少すれば、衣食おのづから不足なし。不足なければ、仮譎の姦計すくなし。これらもと罪にはあらず。困窮させぬぞ仁政なる。」「寺の数減ずれば、僧の数はおのづから減ずべし。」と。

そこでまず寺院整理。具体的に、「享保以来新建寺院を毀撤すべし。」「三五寺を併せて、一寺とすべし。」「塔頭、子院、小寺頽破焼失せば、毀撤すべし。」「頽破寺院あらば、合併せしむべし。」「聚落にある一向寺院、偏境、寺町に移転せしむべし。」「古寺の復興を許さず。」「寺領なき無縁の寺院。破却すべし。」「菴地破却すべし。」「辻神辻仏破却すべし。」等として居る。畢竟、社会に動揺を与えざる程度において、寺院の廃合を断行すべし、というのである。

次に僧侶整理。竹山と同じく、度牒制を実施すべしとして居る。すでに出家して居る者に対しては、「諸男僧還俗して、女僧を娶らんと請はば許すべし。」「山伏還俗を願ふ者は許す。」「廃絶寺院より退散せる僧徒は、早々還俗を致し、各々衣食の業を営むべし。」「諸寺坊官行者停止。」「廃絶寺院より退散せる女僧の、還俗勝手次第たるべし。」等として居る。彼の僧侶整理は、言わば還俗許可主義で、一見それ程徹底したものではないかの如く見ゆる。しかし彼は、寺院の全面的整理により、また度牒制の実施によって、より大規模な僧侶整理を意図していたのである。

その他寺院僧侶の行為の中、封建秩序、封建経済に打撃を与うる行為を、禁止すべしとした。たとえば、「僧尼に兵甲を貯ふることを禁制すべし。」「寺中に俗体帯刀の家来を置くべからず。」「諸宗檀越在家にて、年忌法事及び諸斎会、誦経、説法すること、皆悪しし。念仏講、行者講まで皆禁ずべし。」「僧徒旅行にあらずして、人家に止宿すべからず。」「寺にて斎会説法するに、日暮を限りとすべし。」「在家にて般若転読も禁断すべし。」「道心者、山伏、卜相の類、皆放逐すべし。」「村里勧化は、万々許すべからず。」「一向宗の座敷法談を禁ずべし。」「山伏の頭巾、帯刀禁止すべし。」等の条々が見えて居る。

五

批判的、合理主義的立場に立つ懐徳堂一派の排仏論は、上述の如くである。その原典批判、文明批評、ともに一般排仏論の水準を遥かに抜くものがある。実際排仏論の理論、方法論はここに確立した感がある。それだけに当時の思想界に与えた影響は顕著であった。故に僧文雄は、非出定後語を以て、また潮音は摑裂邪網編を以て、出定後語を批難し、更に南渓は、角毛偶語を以て草茅危言を攻撃し、なお竜温は、富永仲基と中井竹山を最も悪《にく》むべき排仏家としてあげ、平田篤胤の出定笑語は、「出定後語を取り出し、その涎をねぶ」ったものとし、草茅危言については、「この書世に出で凡そ三十余年、これよりいよ〱排仏の徒盛んになりたるよふに思はるる。然れば、近来排仏家の中において、最も悪むべきものは、この富永、中井の両人なりと知るべし。」（総斥排仏弁）として居る。

第三章　正司考祺の排仏論

一

正司考祺（一七九三―一八五七）は、平田篤胤と並べ称せらるる排仏論者。封建経済に対する寺院の圧迫について、これ程緻密に分析した学者は他に類例を見ぬ。彼は肥前有田の人、家は商家、巨万の資産家であった。経済の学に長じた、と言って単なる書斎人ではなく、自ら広大なる山野を開拓、国産興作の事業を営んだこともあった。著述に、経済問答秘録、家職要道、豹皮録、環堵日記、天明録、武家七徳前後篇等がある。しかして彼の排仏論は、経済問答秘録第十七、第十八、第十九、第二十、の僧道部に詳かに展開されて居る。同書は、天保四年（一八三三）の著述である。以下同書を中心に、彼の排仏論の輪廓を辿ってみる。

彼の議論は、すべて諸藩の立場においてなされて居る点に特異性をもって居る。まず彼は、儒者の例に洩れず、仏教の出世間性を攻撃する。即ち、「仏法はその組立つるところ、とらへどころなき虚誕なるもの故、その説広大なれども、そのもとは唯塵垢を去りて、一身を修するを主とし、撥乱反正、治国平天下には裨益あらず。故に止むれば止み、無きときは無くして済むなり。」「仁義礼智信五常の道は、人倫の大綱なれども、仏法にこれなし。君を捨て親を棄て、妻もなきを教とす。もし天下の人悉《ことごと》くこの法に入らば、民屋を頽して蘭若となし、男女を以て僧侶となさば、一代にて尽きん。……もし仏道を学ばば、五倫の道を捐てずんば、成道はなり難し。」と、つまり経済的にも、倫理的にも、その理想とする治国平天下にとって、一大障礙である。言葉を換えて言えば、「方今民を撫育し、国を富すにこれを賊ふ者は、僧徒ならずや。」「多かるべき民数は寡く、寡かるべき寺院多きは、民難貧国の基なり。」とも言い得るのである。しかしそれまでの実例が示すが如く、急激なる改革は必ず失敗する。従って改革は徐々と行われなければならぬ。そのためにはいかにすべきか。

二

まず金銀の国外に流出することを、防がねばならぬとしている。そのためには、まず第一に修学費、住職納金を削減せねばならぬ。その方法、たとえば臨済宗の場合、「その領内の法頭一僧転位して、余僧は出国行脚を禁じ、平僧にて住職することよろし。」また黄檗宗の場合、「これも出国を許さず、その頭一人宇治に往き、余の国中の僧侶は、みなその法頭叢林に修行して、平僧にして住職すること大いによろし。国を出づれば財なくしては一歩も叶はず、その財はすなはちわが国の民より出すところなり。」と。かくの如く諸宗ともに法頭の僧侶一名だけ他国に遊学して、他のものは国内で修学し、平僧にて住職せしむべしというのである。

次に本山その他への献金を削減せねばならぬとしている。その場合、寄附募集はすべて許可制にすべしとする意見があったのに対し、それは尚手緩しとして、「第一に誡むべきは、世間に無職惰民ども寺主に親しみ、諸人に奉加を勧むる者甚だ多し。これにより奉加勧化は、僧侶より外は檀中の者と雖《いへど》も、一人も同伴すべからず。もし露顕せば、その者、仏道好みに任せて、剃髪致させ、僧となすこと、かねて令を下し置くことよろし。かゝる輩は寺に就いて貪食し、却て信心と思ふ者どもなり。」と手厳しい取締意見を出している。

本山参りは勿論禁制、仏像仏具の輸入も同様、たとえば真宗檀家の御室について、「他宗同様に仏檀を作り、先祖の位牌を建て、その中に本山の仏画をかけ置き、今所持するところの御室は、悉《ことごと》く他邦に売斥さするべし。」としている。これを要するに国外に金銀を流出させるようなことは、即時禁制すべし、というのである。

三

次に国内において、寺院に金銀の流入するのは、如何にしようというのか。寺領は減耗せしむべしとする。「今年松浦家に佐川主馬といふ者、国中の寺領をすべて減耗せしは、僧徒の権威をくじく良制、又真の仏心に叶へり。」と賛意を表している。

葬祭には、部分的にはたとえば院号とか位牌とかには修正意見があっても、一般的には葬祭そのものは必要なものとして認めている。即ち社会的効用如何が、禁制するか否かを決する唯一の基準であるのである。

諸法会も、原則的には禁制すべしとする。たとえば、「寺堂説法群集は、諸宗ともに固く禁ずるにしかず。」「庶人はかりにも五人と集むるべからず。説法は勿論、寺に人を寄することを重く禁ずべし。」等としている。

寺院の修築にも一定の制限を設くべしとしている。即ち「本堂、客殿、勝手、下屋ともに長さ七間、幅四間、合せて二十八坪、高さは一丈五尺に究め、これより上は禁制し、門は濡門にして、二本柱を建つるべし。」というのである。郷村にある辻堂を破却、石像を撤去すべしとした。「郷村に四つ足堂あれば、他邦の非人ども止宿し、その中には死ぬる者ありて、村中大いに危害となることあり。崩すにしかず。また田畠のあぜ、又は路傍に石像を建つること、近年日に従ひて益々さかんなり。悉《ことごと》くその近辺の寺か、社の境内に集め、父は赤畠山林に寄するべし。」と。

要するに葬祭は止むを得ないが、諸法会は原則として禁制、寺領は削減、堂塔は縮小すべしとするのが、寺院に金銀の流入するのを防止するための案である。

四

次に仏教信仰の為にする農民の出費を如何にして止むべきか。まず報恩講は禁止すべしとするのである。その方法、「僧徒に厳刻に令して誓詞をとり、もし違犯せば還俗致させ、農家の宿主は改宗、集会の輩は、贖金を年賦にしてながく思ひつかするべし。」と。

郷村攘災のための大般若転読は、規模を縮小すべしとするのである。「郷村、市街に般若を禁じ、理趣分または心経一巻と致せば、人夫も労せず、数人暇をも費さず、衆僧に酒食の雑弊もなく、民戸租税の掛りも減じて、大いに民の利潤となるべし。」としている。

六道銭を禁ずるは勿論のこと、「諸倹約の法より、まず一番に禁ずべし。しかれども数百年の宿習故、余程工夫なくんば届くまじ。まず僧徒をして、その檀家に能く諭さしめ、なほ毎年厳令を下すべし。」と。

民衆の経済的苦悩を軽減するためには、僧侶と民衆とを隔絶すべきである。そのために、「制度を立て女参を制し、男子は五人より上は集むることを禁じ、……民間に来るは葬礼一遍より外は叶はず、供養は揚供養にして、寺に於いて読経回向し、率都婆に書いて遣はし、供養は一類朋友のみ招いて祭り、祈禱呪詛も寺において勤め、その外一切民間に行くことを大禁し、托鉢の時も門に立ち内に入ることを禁ず。」「祈禱呪咀は、諸宗ともに、各自利において致し、民家に来るを禁すべし。」として居る。

五

以上の如くにして、封建経済の維持という立場において、葬祭、祈禱の如く良風美俗に関係をもつ以外の宗教活動を、全部禁制すべしとするのである。

封建機構を破壊するような寺院の行動に対して、またこれを制限せねばならぬとしている。これらの諸制限を設くる真意は、畢竟何か。「これにより、前条の制度を立て、もし違犯の僧は還俗させなば、今時の僧は、仲々持戒の者は稀なる故、自然と廃寺に及ぶべし。三年廃する時は、これを頽して、檀家は門徒、法華を除きて、別寺に改宗致させ、大罪は寺ともに廃する時は、俄かに崩すに及ばず、漸々自滅すべし。」と。つまり法の障壁を高くすることによって、寺院の廃絶を策して居るのである。そして本末制、檀家制の弊害、改宗問題等は、真宗、法華宗に最も深い関係をもつのみならず、封建経済に対する衝撃という点よりみても、この二つの宗派が打撃最も大きいので、そこで問題はこの二つの宗派の攻撃に転ずる。「門徒多きは悪きと見ゆ。」位まではまだいい方で、「門徒、法華の多きは国の害なり。」とまで極言している。そして禅宗、浄土宗を、弊害少き仏教として居ること、即ち、「武家は軽輩に至るまで禅宗たること宜し。」「庶民は浄土宗なること宜し。」としていることも、注目に値する。

第四章　平田篤胤の排仏論

一

排仏論を、理論的に、また方法的に、展開せしめたのは、儒者である。しかし儒者のそれは、あまりにも高踏的であり、そして封建諸侯的であった。かかる排仏論を、民衆化し、一方新時代の支配者のものたらしめ、他方神職の理論的武器たらしめたのは、実に国学者平田篤胤である。ところで国学の伝統には、排仏論の体系はなかったか。しからず、極めて消極的であり、かつ未だ組織されてはいなかったが、存在はしていた。今契沖、荷田春満、加茂真淵、本居宣長の排教論を吟味してみる。

二

契沖（一六四〇―一七〇一）は、復古国学の先駆者、十三歳、薙髪、高野山に上り、東密研究、後摂津生玉曼荼羅院の住持となったという経歴が示す如く、真言宗の僧侶であった。従ってその思想的立場は、儒教、神道、仏教の混合物であった。かかる立場は、彼の言葉、「道の日域に行はるところ、その大なるもの三つあり。曰く、神道なり、曰く、儒教なり、曰く、仏法なり。」「よいかな儒教、妙なるかな仏教、西域より、中華より、来つて本朝の俗を化し、互に主賓を忘れて、交々資けて峙立す。」（厚顔抄序）が、如実にそれを示して居る。

荷田春満（一六六九―一七三六）は、復古国学の創始者、彼は仏教に対して、契沖ほど好意的ではなかったが、未だ仏教排撃とまでは進み得ず、謂わば妥協的であった。そのことは、死後七日及びその倍数を以て行われる仏教の七々日法要は、神代七代の理によったものであるとし、かつ、「今日浮屠の仕業、みな仏法のことにてはなきなり。みな今僧徒の葬礼の法、本朝の法なり。」（日本書紀神代巻割記）として居ることによって、窺われる。

加茂真淵（一六九七―一七六九）は、復古国学の確立者、彼の思想的立場は、著しく老荘的である。従って仏教や儒教を排撃する理由も、元来、それらの外来思想が、人間を小怜悧にし、人為的な礼や制度を教えたために、雄々しき心、直き心が失われ、古代の生活と精神とが害われたという点にあった。従って仏教のそらごと、因果応報説の虚妄を曝露し、人の心を悪くせしことを認めながらも、人民を愚にするものと認めた仏教は、「大なるわざはひは侍らぬなり。」（国意抄）とし、儒教程には、それを排撃することを敢えてしなかった。

三

本居宣長（一七三〇―一八〇一）は、復古国学の完成者、彼の世界観において、特質的なものは、その文学、歌学論における「もののあはれ」説と、復古神道とである。宗教史的にみれば彼において国学は、特殊な神道説、復古神道に転化せんとする傾向を示しつつあることが、注目されねばならぬ。それだけに、彼の排仏論も、かなり進んだものであったことは、当然想像されるが、篤胤も、「わが師の翁は、あまり仏法のことを言はれず、ただいささかばかり仏の道といふものは、世の女、童を欺くが如きことなれば、あげつらふにもたらぬものにや、などと、言はれた位なこと。」と指摘して居る如く、積極的に仏教批判を敢えてすることをなさなかった。ただその詠める歌に、「釈迦といふ大おそびとのおそごとに、おそごと添へて人まどはすも。」「ほとけぶみ読めばおかしきことおほみ、ひとりわらひもせられけるかな。」「いつくべき神等おきて外国の、けしき神おらいつく諸人。」（出定笑語）「悟るべきこともなき世を悟らんと、思ふ心ぞ迷ひなりける。」（悟道弁講本）の如く、排仏的傾向を示すものが残され、また彼の随筆玉勝間において、富永仲基の出定後語を礼讃していることによって、その排仏思想の片鱗を知り得るに、とどまるのである。

四

平田篤胤（一七七六―一八四三）は、復古神道の完成者、伝道者である。従って彼は、復古神道を、儒教、仏教、ヤソ教のあらゆる宗教的、道学的世界観の、及ぶ能わざる絶対真理であることを、論証し、強調した。彼の排仏論も、かかる彼の立場の上に理解される。

彼の排仏論書として有名なのは、出定笑語、その附録である神敵二宗論、悟道弁講本、神社考等である。まず出定笑語、その要旨を、序文に、「まづ第一に、天竺の国の水土風俗より致して、その国の始の伝説由来、また釈迦一代のあらまし、またもろ〳〵の仏教一部一冊として、釈迦のまことのものでなく、残らず後人の記したるものなるたしかな論弁、さて仏法がもろこしへ伝り、それより御国へ伝つたることのあら〳〵、また御国にあるところの諸宗の始り、及びその宗旨々々のたてかた、さて仏法の本意、また当時世に居る者の仏法の心得、などを申すので御座る。」として居るが、しかし帰着するところは、次の如くである。仏教はすべて人情の自然を矯めた教であるので、世を毒するものであり、又仏は日本の神の如く実在のものではなく、一種の寓意に過ぎぬので、これを信仰して利益のある筈はない。仏教はすべて荒唐無稽であり、かかる荒唐無稽の教説が輸入されて、日本の純真なる人情は破壊され、貴き神の道は破壊されたというのである。

　神敵二宗論は、浄土真宗、日蓮宗に対する批判書。その要旨は、「神敵とは、あまりこと〳〵しき名目のやうで、いかがとも存ずることだが、これは神道学者の言ひ出したることばで、又さして不相応と申す程のことでもないから、まづ人のわかりよきやうに、そのまま用ひたので御座る。さて二宗論とは、一向宗と日蓮宗との論弁のことだが、この二宗ほど、わが神の道の妨害をなすものはないこと故に、やむことを得ず、弁駁致すことで御座（欠字）」によって窺うことが出来るであろう。

　また悟道弁講本は、禅宗批判書である。その一節に、「すべて禅学者の所行といふものは、人おどしにすることばかりで御座る。この方もその中へは入つてみた上でいふのだから、余り違ひはない。……いよ〳〵悟つたといふならば、どこか凡人と悟つた程の異りがある。何もないはさ。物を食はせぬとひもじがつて、飯をくれろといふ。かの川柳が句に、悟道者も煎餅よりは金米糖、といひたる如く、煎餅とあるへいを出せば、あるへいを舌打して食ひ居る。……また川柳に、清僧も鰯のなべを覗くなり、といひたる如く、どんな清僧でも、是非その鍋ぐらゐは覗く。それはかの男色のことで御座る。これ鰯をにたる鍋で、愛情恋慕のなくならぬところ。もつとひどくは、和尚さま善女人だとくどきかけ、また、お釈迦さまさへと和尚のへらず口、といふ位に、女に移る心もやまず、生涯決して、灰になるまではなくならぬ。それ故、ややもすれば、大黒を和尚布袋にして困り、などもするし、また、すまぬこと和尚胥虚で遷化なり、といふようなこともある。……それならどこが悟道のしるしの見えるところだ、何もるしはなく、一向にやくたいじや。ただ悟道といふ言立ばかりが大造で、何のこともなく、彼等が常に異なる行をして、大きなつらをするところにおどされてゐるので、ああ気の毒なことで御座る。」（悟道弁講本）とある。卑近な迫力をもつ篤胤の口調がよく出て居ると思う。神社考というのは、何何神社考という形式で、各地方の神社の由来を明らかにし、神仏習合の弊を実証的に曝露したものである。

五

ただしこれらの書物に見ゆる意見は彼の独創ではなく、多くは先人の意見である。まず仏教一般の批判については、富永仲基の出定後語、服部天游の赤倮々によった。彼は口を極めて出定後語を礼讃、たとえば、「しかるに後世の学者、みなこれを知らんで、徒らに法華経を宗と致して、釈迦の真説を経中の最第一と思へるは、いかい誤りで御座る。……天晴れよくこれをよく見破りましたは、誠に富永仲基が功で御座る。」と言い、またこの書普及のために、仮名註釈書を作る計画さえしていた。また赤倮々については、「またその後に幸ひなることは、赤倮倮という書を得たで御座る。これは蘇門居士、服部天游と申す人の著述で、出定後語の後に出来たるもの故、また一きざみよろしひことも、多くあるで御座る。」（出定笑語）として居る。出定笑語は、この二書によったものであることを、「わが仏書の学問はこれらをはし立として、入始めたことで、それ藍は藍より出で、藍より青しとか申すやうに、この二書誤りをもよ程考へ出し、それにそへて、仏道より起ったる費害を論弁致すが、今度の趣意で御座る。」と述べて居る。また真宗については、「さて世間に、この宗、宗皆を論じたるものはかぞふるに遑《いとま》あらざるに、巌垣氏の著はされたる正実直言記、また釈氏根元記ともいふものに、諸宗のことを論じたるその中に、この宗のことを弁駁したる趣、大抵は宜しければ、今ここに引出して示すが、その説左の通りで御座る。」とし、日蓮宗については、「この僧の言ひ置けることどもを破ったる書は、禁断日蓮義、挫日蓮、続挫日蓮、破邪見正記、四度宗論記などといふものは、いづれも七八分は尤もなことで御座る。」（神敵二宗論）として居る。

ただそれらの諸書によりつつも、それを多分に誇張的に、神道的に再組織している点が注目される。即ち、「すべて論弁といふものは、我れが家の説を以て申しては、先《まず》承知は致さぬもので御座る。……それ故拙者の諸道を論弁いたすに、儒道は儒書で論じ、仏道は仏書で論弁いたすことで御座る。これはすべて何事にも、その本を知って論ずる時は、向ふへまはつた者は、何ともいうこと出来ず、また本をきめさへすれば、先の枝葉のことは、何ごともわかりがよく、事によつては、本をさへよく取極れば、末は言はずと、聞かずと、自らにわかることも多いかのことに御座る。」「腹が立つなら、わしがいふことをよく聞き覚え、その聞落したることはいつもいふ通り、遠慮はないからここへ来て聞き直し、覚え書にして帰り、そのわしがいふたことをよく論弁して、わしに一句も出ささぬやうに、論書の上で言ひ詰めるがよい。それは自力にいかずば、檀那寺の和尚をたのみ、それでたらずば、ありとあらゆる名僧知識の聞えある僧どもを、鉦や太鼓で集めてなりとも、論書を作つて言ひ詰めるがよいさ。」（出定笑語）というあたり、聴衆を魅了する迫力があり、また「よく物を考へて、とてもめでたくよきことの祈禱なら、そんなまぎれ者にたのむことはやめて、真の道を弁へたる純粋のお国風な神様に頼むがよい。なぜなら神様はきつく、頭のまるい者や、仏経がお嫌ひじやによつて、僧が祈禱したとて、一向にそ知らぬ顔で居らつしやる。」（出定笑語附録）というあたり、その立場を如実に示している。

六

初期国学の国体論は、封建制、封建的思想に対して鋭い批判力をもったのであるが、町人階層と結びついていたために、遂に積極性を持ち得なかった。しかし国学が平田篤胤によって代表される時期に入って、国体論を中心とする思想運動に転化した。篤胤門下において教育された人々の中には、幕末において謂ゆる志士として活躍した者多く、かくて彼等によって、国学は次第に新支配者の勢力圏内に入り、それと結びついたので、かかる過程において、儒教国体論と融合、明治維新の理論的源泉となった。かく一方新支配層の理論的源泉となるとともに、その排仏論は、他方神葬祭問題を契機として、神職の理論的武器となった。

第五章　神葬祭問題

一

仏教排撃論は、幕府諸藩の理論的指導者である儒者によって、その理論的発達を遂げた。従ってそれは、為政者の理論たるにとどまり、民衆を動員し得る理論ではなかった。従ってその理論が実践に移された場合、水戸藩の廃仏毀釈における如く、藩の仏教弾圧という形態にとどまった。しかし儒者の仏教排撃論が、平田篤胤によって、啓蒙的に、神道的に再組織され、そしてそれが神職の理論的武器として、全国に浸潤するに及んで、それは強力なる全国的地盤を獲得するに至った。ところで何故神職は、この時期に理論的武器を必要としたか。それは一般的に言えば、神職自身の社会的、宗教的地位の向上のため、また当面の問題についてみれば、神葬祭問題解決のためであった。

二

日本における葬式、法事は、中世、仏教によって完成され、かつ民衆化された。従って近世劈頭、それが仏教の独占するところであったのは、何等不思議はない。江戸幕府はかかる現実を凝視、その宗教政策、寺檀関係を法制化し、以てキリシタンを弾圧するという方策を樹立したのである。ところでかかる寺檀制が、いかなる弊害を醸したかは、前述したところで、諸賢つとに御承知のことであるので、省略するとして、ここには中に最も迷惑を感じたのが、神職であったという事実を、指摘するにとどめて置く。何となれば、僧侶の隷属的地位からの解放を希求する神職は、事々に差別的待遇を与えられたからである。かくて神職は、寺檀関係よりの解放を、当面の問題とせざるを得なかった。寺檀関係の解放は、同時に葬祭をいかにすべきかの問題を随伴する。仏葬祭に対抗するものとして、神葬祭の方法を確立する必要がある。

これは余談であるが、神葬祭と同じく、仏葬祭に対抗するものとして登場したものに、儒葬祭がある。そして儒葬祭を敢行した者に、水戸の徳川光圀がある。即ち元禄八年（一六九五）、儒臣朱舜水死去するや、久慈郡瑞竜山に儒法を以てこれを葬り、ついで十二年（一七〇〇）、彼自身薨去するや、同じく瑞竜山に儒法を以て葬られた。幕府の宗教政策に敢然反抗、率先廃仏毀釈を断行、かつ儒葬祭を実施したのが、御三家の随一水戸家であることは皮肉である。

三

神葬祭の初見は、貞享四年（一六八七）である。これは鏑木家文書に見ゆるもので、吉田家家老鈴鹿修理等から、黒田肥前守京都留守居平田清右衛門に宛てた答申書である。その中に、「社家の輩宗門改のこと。わが国に於いて神職たるの上は、平生の業及び葬祭以下、その身覚悟の通り子細なく候故、諸寺の請判に及ばず候。在世滅後と雖《いへど》も、ともに僧侶に帰依して、仏事作善等、当人の所意次第にて、禁忌の儀は御座なく候。況んや亦《また》、眷属等勿論に御座候こと。」「諸国神祇道許状を受くる社家は、切支丹にあらざること明白に候故、地頭代官へ此方より証文遣し候。これ又仏法帰依の後、その身所存の通り妨げ御座なく候こと。」とある。黒田家よりの問合書がないので、具体的にどんな事件があったかは知り得ぬが、少くとも神祇道本所を自任する吉田家が、寺檀関係からの解放を意図していたことは明らかである。

神葬祭実施のことの見ゆるのは、天明五年（一七八五）である。諸家秘聞集に見ゆるもので、これより先阿部備中守から、寺社奉行に提出した伺に対する指令である。まず伺の要旨から述べてみる。ある神職が、檀那寺住持の了解を得て離檀、京都吉田家に頼み、その家族ともども神祇道を以て宗門帳の手続を済ませ、吉田家から添状を貰い、阿部備中守の役所に願い出た。ところでかかる場合、もし檀那寺がうまく納得してくるれば宜しいが、檀那寺が納得しない場合には、すべてそれは訴訟になる。これは新規のことであり、なるべく差押えたいと思う。しかし吉田家の沙汰があり、もし檀那寺が承認した場合、それは許しても差支えないかというのである。これについてみれば、吉田家は、貞享四年の答申書に見ゆる方針を踏襲して居るのである。それに対して、寺社奉行の出した指令は、次の如くである。吉田家から許状を受けたならば、神職の当人及び嫡子は、神葬祭を執行して宜しい。ただし家族でも他の者は、檀那寺の宗門を離れることは出来ぬとして居る。ここに神葬祭に対する、幕府の根本方針を見ることが出来る。そしてこの方針は、その後一貫履行されて居る。

　ところで、その頃から神葬祭の実例の、諸家秘聞集、徳川禁令考等に散見するもの少くない。かかる気運に乗じ、吉田家はその出張所を、江戸小石川に設け、神祇道取締に乗出し、寛政九年（一七九七）八月二十五日、幕府へ、「諸国の神職ども、一国一郡、或ひは神勤組合神職連印にて、家内一統神道宗門に立ち戻り度く願ひ出で候得ば、当家にて神葬祭伝受を受け、宗門請合証状、その筋へ差出し候輩は、神道宗門に仰せつけられ下さるべく候、宗門改の儀は、当家きびしく相改め、御領御代官、私領は領主地頭へ宗門請合証状差向け、急度取締り候間、願の通り何卒御許容下され候はば云々、」（竺邪離放録）と、家内一統神葬祭を願い立てて居る。文化二年（一八〇五）の神道宗門諸国類例書によれば、当時神葬祭の実施されていた地域は、奥州会津領、加賀金沢領、越後新発田領、信濃松代領、甲斐都留郡、武蔵秩父、武蔵榛沢郡、武蔵多摩郡、江戸亀戸、常陸水戸、紀伊和歌山領、伊勢桑名、伊勢亀山、摂津西成郡、備前岡山領、但馬村岡、美作勝北郡、周防、長門、伊予今治、であった。

四

かかる神葬祭実施は、易々と行われたのではなかった。檀那寺住持の許諾は、容易に得られなかった。神職が団結して政治運動を起しても、仲々成功しなかった。石見浜田の場合は、七箇年の歳月を費して、漸く目的を達して居る。かく執拗に寺院と抗争すべく運命づけられた、神職の理論的武器となったのが、仏教排撃論、特に国学者のそれであった。かくて、神職の中央に来たって、神道講釈を聴く者漸く多く、また中央において教育された国学者の、地方に出張、神職のために講釈することも、流行となった。

たとえば、江戸時代末期、相模大山の状態は次の如くであった。御師が百人ばかりいた。いずれも社僧に対して不平を抱いていたのであるが、直接には、何等の手段もとらなかった。ただひそかに京都の白川家に至り、不平を訴えていたものである。当時これを白川出入と称し、社僧は尤も悪《にく》んだもので、しばしばこれを制止した。それで両者の間常に悶着が絶えなかった。しかるに御師の内には、時勢に目醒め、学問に勉励する者があった。殊に平田篤胤の学風を聞いて、それに傾倒した。篤胤が古史伝を擬し、高龗神祭に、相模国大住郡阿夫利神社もこの神なるべしと言えるに感激したのである。文化十一年（一八一四）に、御師の守屋稲穂は、平田門人となった。これよりその学風が大いに行わるることとなり、御師等相競うて門人となった。彼等は専ら神典を研究した。嘉永二年（一八四九）に、須藤内丸は、阿夫利神社古伝考一冊を撰し、平田鉄胤の序を請うて、流布した。この書は、阿夫利神社の祭神は、大山積神なることを、考証したもので、殊に大山縁起、大山事記、大山事蹟考、大田不動霊験記等の説を駁撃し、良弁、憲静が、私曲幻術を以て、神威を汚瀆したものとし、極力罵言した。これは当時の御師の意見を代表したものである。

五

また、信濃諏訪神社の状態は次の如くであった。社人には、神典の研究をしていた者もあった。上諏訪の松沢義章が、平田篤胤の学風を慕い、社人等に就いたこともあったようである。また下諏訪の大祝金刺振古は、国学を興すことを努めた。当時国学者、漢学者の諏訪に来遊する者があれば喜んで迎え、その所説を傾聴した。社人等は、かく国学、漢学を研究するに随い、仏教排撃せざるべからずとの念を強めた。

社僧と社人の間は、親和を欠いでいた。しかしながら社僧は大いに勢力があった。一寺の住持は、いずれも僧侶の官位があったから、社人の上位であった。社僧、社人列座の時は、社人は軽蔑せられたのであるので、社人は常に列座することを厭うた。諏訪藩は、常に社僧に加担する傾向があったもので、社僧の言を用いたものの如くである。従って社人等が国学者、漢学者を招いて、国学、漢学の講義を聞くことを喜ばなかった。それで社人等の不満は益々高まった。当時下宮の神宮寺の屋上に火矢を放った者があったが、これは社人が神宮寺の社僧を憎むの余り、堂舎を焼こうとしたものであると噂された。

かくの如くにして、儒者、国学者の間に展開を遂げた仏教排撃論は、為政者のみならず、全国津々浦々に至る神職の信奉するところとなったのである。

第六章　江戸時代の廃仏毀釈

一

排仏論は、幕府、諸藩の理論的指導者である儒者によって、展開せしめられた。従って理論が実践に移されて、廃仏毀釈にまで進展することは、極めて容易であった。勿論寺院新建禁止、出家、山伏の在家借住禁止にしたところで、一種の廃仏毀釈に相違はないが、かかる消極的なものは、今暫く議論の圏外に放置して、積極的に廃仏毀釈を断行した実例を、列挙してみる。

二

第一、水戸藩の築一次廃仏毀釈。寛文六年（一六六六）のことである。藩主は水戸黄門、西山公の名で、人口に膾炙して居る徳川光圀である。光圀の仏教論は、「その人となりは物に滞らず、事に著せず、神儒を尊び、神儒を敬し、仏老を崇め、仏老を排す。」（梅里先生碑文）「神道は神道、仏道は仏道、修験は修験、各《おのおの》その道を専らにして、他を混雑せざれと教へ給ふ。仏家とても、その宗々の外に、他宗の旨を仮初にも混雑すること、大いに嫌ひ給ひき。」（桃源遺事）というので、必ずしも頑迷ではなかった。従って一面、仏教保護の事実もあったのである。

彼は寛文五年（一六六五）、寺社奉行職を新たに設置、寺社、僧尼、巫祝の調査を行い、翌年に入って、多数の寺院を破却し、破戒の僧尼を還俗せしめ、かつ布施の金額を制限した。寺院破却については、寛文六年（一六七六）八月の法令に、「すべて諸宗とも、在々所々に至るまで、その所々に過ぎて、小寺多くこれあるにつき、檀方みな分れ散りて、古跡大地衰微に及べば、由来これある寺にも、渡世なり難き間、しかるべき学僧は住居せず、況んやその他の小寺どもには、無知無下の愚僧のみにて、法外の営み仕る僧どもは、俗とも不和、民を迷はし、国の費をなし、風俗の禍となり候につき、無益の小寺ども、今度御穿鑿を遂げ、破却仰せつけらるるものなり。」とされて居る。かくて整理された寺院は、西山遺事、義公行実によれば、新地の寺院九百九十七箇寺、還俗を命ぜられたるものは、三百四十四箇寺の僧侶とされ、また西山遺聞によれば、「真言宗千四百八十六箇寺、浄土宗百七箇寺、真宗六十八箇寺、天台宗二百五箇寺、済家三十八箇寺、曹洞宗百三十五箇寺、法華宗三十六箇寺、時宗十三箇寺、〆二千八十八箇寺。」その他、「社人十八箇所、神主十八箇所、山伏二百八十坊、行人百三十箇所、禰宜百六十九箇所、市子六箇所。」(西山遺聞)と記されて居る。布施の制限については、家格、親疎を考慮して、それぞれその金額を規定、しかもその法令の冒頭に、「人々勝手に随ひて、なほこの積りより減少仕る段、心次第たるべし。惣じて施物の微少を恥づるは、多聞苦しき故なり。功徳は一紙半銭によらず。将又出家、檀那の富貴を愛し、貧賤をさくるは、貪欲無道なり。みな非仏法、僧俗ともに心得べきものなり。」と、つまり出来得る限り、布施を節約せよとして居る。

三

第二、岡山藩の廃仏毀釈。同じく寛文六年(一六六六)である。藩主は、名君として喧伝された池田新太郎光政であった。彼は陽明学の信奉者、明暦二年(一六五六)まで、熊沢蕃山を藩儒として重用していた。従って一面熊沢蕃山の排仏論の感化を受け、また他面、水戸藩の廃仏毀釈に刺激されて、断行したものと思われる。

八月五日、寺請証文をやめて、神主をして、その訴状を書かすることとした。その要旨は、私儀、代々何宗であり、何郡何村何寺の檀那であったけれども、このたび儒道に志し、神道を学び、何月何日から仏法を捨てて、儒道の祭祀を致し、生所神を信じ申す故、何社の禰宜の請状を指上げ申し候、というのである。

かく寺檀関係を切断して、漸次僧侶の淘汰を行った。つまり破戒者は追放、その寺院を破却したのである。当時岡山領内における寺院の総数千四十四箇寺、僧侶千九百五十七人、寺領二千七十七石余の中、この以前に、日蓮宗の不受不施法門であるために、寺院三百十三箇寺、僧侶五百八十五人は破却、追放されていたが、更にこの時、寺院二百五十箇寺、僧侶二百六十二人淘汰された。従って総計にすれば、寺院五百六十三箇寺、僧侶八百四十七人、寺領百四十石弱が整理されたわけである。ただし神主請証文は、延宝二年（一六七四）、神仏各々その好むところに従って、宗門請せしむることとなり、ついで貞享四年（一六八七）、幕命によって、神主のみが神道改、神主請の証文となった。

四

第三、会津藩の廃仏毀釈。これも、同じく寛文六年（一六六六）のことである。藩主保科正之は、山崎闇斎を聘し、また吉川惟足の神道説を信じ、更に卜部神道の秘奥を極め、生前にその諡号を撰み、土津霊神と称して居ることによって、その思想的傾向を察することが出来るであろう。

岡山藩よりやや遅れて、九月二十一日に法令を出した。ただし準備工作は、その以前に進められていた。たとえば各寺院の由来、縁起を調査したりなどしていた。そしてこの日二十年以来の新建寺院、堂舎を破却、従来廃寺となって居る寺院の、再興を禁止した。また新建寺院を、古跡の如く偽った者は、これを厳重に処罰し、悪行の僧侶は追放、寺院は破却、その跡を民家とした。ただし、水戸藩や岡山藩の処置に比べては、著しく穏健であった。

五

第四、水戸藩第二次の廃仏毀釈。天保三年―弘化元年（一八三二―四四）のことである。江戸時代末期、水戸藩は、他藩同様財政窮乏、また農民の困窮甚しく、藩の基礎は著しく脆弱化された。徳川斉昭、文政十二年（一八二九）、藩主となるや、衆望を負うて、藩政改革に着手した。廃仏毀釈は、実に、かかる藩政改革の一部面として、断行されたのである。

そこでまず第一に、水戸藩の指導精神、水戸学を検討してみる。水戸学は、斉昭の時代に完成され、中外に宣揚された。その綱領は、天保九年（一八三八）になった弘道舘記に、「神州の道を奉じ、西土の教を資す。忠孝二なく、文武岐れず。学問、事業、その効を殊にせず。神を敬ひ、儒を崇ぶ、偏党あるなし。」とされて居る。宗教的にこれを見れば、神道を主となし、儒教を翼となすものである。そして仏教は、「中世以降、異端邪説、民を誣ひ、世を惑はす」ものと規定され、排撃されて居る。更に弘化四年（一八四七）になった弘道舘記述義には、そのことを敷演して、「抑々《そもそも》浮図の害、古人これを論ずること、詳かなり。その怪妄虚誕、もとよりいふに足らず。しかもその熾んなる彼のごときは、何ぞや。曰く、愚冥の民は、信じてこれを奉ず。智巧の士は、利してこれを使ふ。純明剛毅の人は、悪《にく》んでこれを排す。姦詐狡黠の賊は、資してこれを用ふ。これを排するの者、未だ必ずしもその道を得ず。これを用ふるの者、或いはよくその私をなす。仏法の熾んなること、職としてこれによる。何をか信じてこれを奉ずという。富貴なる者は、死後の貧賤を恐れ、患難の者は、身後の安楽を倖ふ。その善をなす者は、彼岸に到らんことを欲し、悪をなす者は、呵責を免れんことを祈る。これまた信じてこれを奉ずるにあらずや。何をか、利してこれを使ふといふ。衆皆仏を信ず、我独りこれに違するは不智なり。且その説妄なりと雖《いへど》も、以て愚俗を勧懲するに足る。苟くもわが治に補するあらば、何ぞ夷狄の法を嫌はん。これ亦《また》、利してこれを使ふにあらずや。異端の民を害する、なお疾病の人に於けるが如し。よく疾病を治する者は、まづその元気を養ふ。よく異端を排せんとする者は、まずその大道を修むべし。もし徒らに攻撃駆除、快を一時にとるは、則ち禍変激するところ、まさに、あげて救ふべからざるものあらんとす。これ亦《また》、これを排する者、未だその道を得ざるにあらずや。愚俗の仏を信ずる、皆その欲にしたがふなり。今我仏を奉じて、以てこれを率れば、則ち衆の我を尊ぶ、なほ仏を尊ぶがごとし。それしかる後に、彼寧《むし》ろ、その君父に背き、仏と我に背かず。我の大欲、ここに於いて逞ふすべきなり。これ亦《また》、これを用ふる者、或ひはよく、その私をなすにあらずや。」として居る。

かかる仏教排撃論は、藩の指導層の意見を、そのまま反映したものである。特に、藩主徳川斉昭の仏教憎悪は、比倫を絶するもので、「わが臣子、国民たる者は、僧侶を国賊と思ひ定めて、わが家あらん限りは、一切仏道信じ申すまじきことなり。もし臣子、国民、みだりに仏法信ずるか、又は剃髪して、神主墓所に来るにおきては、我が泉客となる万年の後たりとも、その者の末、ただは置くまじきなり。ゆめ〳〵くれ〴〵わが敵は出家なり。臣子、国民、永世、国賊の出家は、にくむべきことなり。」（不愠録）というのである。彼は、仏教、寺院、僧侶に対して、しばしば国賊呼ばわりして居る。ただしこの場合の国は、水戸藩を指して居ること、言うまでもない。藤田東湖もまた、「しかるに南蛮北狄の教は、専らその本尊を貴び、宗門のためには、君父にも弓をひくもの少からず。しかのみならず、皇朝は神を尊む風なれば、ひたすらに仏をのみ尊びては、人の心を攬《と》り難きことを悟りて、穢はしくも、本地垂跡といふ法を設け、何神の本は何仏なり、何仏は跡を垂れて、何神となり給ふなど、大虚言を言ひ出して、天竺を本とし、皇朝を末とし、又漢土の教も、捨て難きことを悟り、聖人の道、記せる書を外典と名《なづ》け、仏書をば内典と名けて、天竺を内とし、漢土を外とす。いとにくむべきことのみたくめるを、千年余の今日まで、己がままに、はびこらせけるぞうたてき。」（常陸帯）として居る。会沢正志も、「天下仏寺多く、遊手浮食、坐して土木金石の美を窮め、国土生民の膏血を糞とし、破戒濫行、政教を蠹害す。国家虚耗、百姓空乏、彝倫斁壊、風俗澆漓、天祖開国の深意、君父生養の大徳、これがために蕩然たり。」（下学邇言）という激越さである。かかる思想的雰囲気において、寺請制もいつしかすたれた。そして、寺院側の記録によれば、「俗士自ら高ぶり、諸寺院へ請印を頼むことを恥ぢ、切支丹の邪徒なければ、寺請無用のことと言ひこしらへて、天下の御大法を閣《お》き、人別は、村長の取計ふこととなりぬる故、自然と仏寺を疎み、菩提所は死亡の用のみにて、施財は無益の費と言ひならはし、聞きなれて、はては神葬、儒祭の好事も出来て、仏寺は無用の長物、出家は無益の遊民と、かの中井が草茅危言の偏執にともなひぬ。」（御改正井回復秘録）という状態にまでなった。かかる環境の中に、水戸藩第二次の廃仏毀釈は、断行されたのである。

まず寺院の廃合。天保三年（一八三二）二月、寺社奉行及び郡奉行に令して、領内寺院の中、無住大破の堂宇を処分せしめた。達の要旨は、「無住荒廃の寺院は、最寄の同宗寺院へ併合せしめ、什物、檀家、除地等、同じく他の寺院へ預け置かしむること、境内にある堂塔の中、修理の行届かぬものは、右の処置に準ずること、又強いて修覆等を致して、檀家又は村中より合力を請ひ、或ひは無住の寺院に、村中より番人をつけ置く等、すべて農民の迷惑となる儀は、一切致すべからざること」等である。かくて廃合された堂宇は、四十有余に及んだ。

かかる小手調べに成功したので、この後種々の抑圧政策を相ついで行い、天保十四年（一八四三）六月に至って、本格的な寺院廃合に関する法令、「愚民を欺き、金銭を貪り、或ひは肉食、博奕、女犯等の類も少からず候やう成行候段、御政教の大害に相成り候のみならず、本山、宗門へ対し候ても、相済まず候ことにつき、このたびそれ〴〵お咎め仰せつけられ候。」を発した。かくて翌弘化元年（一八四四）欠字月、藩内寺院より、浄土宗当局への報告によれば、「寄せ寺とて、一ヶ寺へ二ヶ寺、三ヶ寺の寺号をよせあつめ、或いは永無住とお達しおかれ、別して当正月末より、諸宗寺院数多破却に相成り候。常福寺末寺四十一ヶ寺の内、二十ヶ寺余破却なされ、仏像まで御取上に相成候故、諸宗を推して計り候に、弐百ヶ寺もつぶれ、已前のなかばにも相成り候はん。なお追々追却これある由にて候。」（御改正并回復秘録）という程度に廃合された。廃寺の名目は、「女犯、放蕩、追院」「親不孝、追院」「博奕、放蕩、追院」「不如法につき追院」等種々であった。正確なる記録の伝うるところによれば、廃合寺院百九十箇寺、その内訳は、「真言八十九、法華十三、曹洞二十四、天台十一、一向八、浄土二十六、禅宗三、時宗五、臨済十七、」（水戸藩廃仏毀釈余談）であった。

次に僧侶の整理。極力還俗せしむることによって、現在の僧侶を、減少せしむるとともに、他方、度牒の制を定めて、私に出家することを禁じ、将来僧侶の増加するのを防止した。天保初年以来、寺院整理等と並行して、僧侶整理を行いつつあったが、天保十四年（一八四三）十二月五日、寺院整理が一段落つくとともに、本格的な僧侶の整理に着手した。第一は、弟子、所化の還俗に関する法令、「無願出家得度の儀は、御大法もこれあるところ、近来諸宗猥りに弟子取致し、一寺住職を始め、所化等に至るまで、無願の僧徒少からず、不届の至に候。……一寺住職の儀は、そのまま差置かれ候条、一統有難く存じ奉り、この上如法の寺務致すべし。

弟子、所化等の儀は、いずれも生村へお帰し遊ばされ、還俗仰せつけられ候。」で、第二は、雲水の僧侶、所化帰国に関する法令、「雲水の僧侶、所化等の儀は、領国願済の有無等、急度相糺し、御領内寺拝領望みの者どもは、いづれも一先帰国致させ、領主、地頭、役人の添書を以て、願出候様、相触るべく候こと。」である。かかる法令の実際的効果は、予想以上で、寺院側の記録に、「他国生れの所化僧は、その国主、地頭より添簡なくては、御領内に住居なり難きとの御達しにつき、みな〳〵帰国致し、御領内生れの所化、小僧どもは、旧里へ帰し、還俗致させ候との御達し故、余儀なく生村へ送り返し、帰俗致し候もの、諸寺院に数多これあり、見るに忍び難く候。この節にては、御領内の僧、十分の一にも相成り候。」（御改正幷回復秘録）と見えて居る。

寺院、僧侶の整理は、廃仏毀釈の中心をなすものであるが、なおそれに附帯して、神葬祭の実施、火葬の禁止、毀鐘鋳砲、神仏分離が行われて居る。

寺請制の無視とともに、神葬祭が問題とされた。すでに天保元年（一八三〇）七月、斉昭は、神主は当人のみならず、家族一同神式によるべき旨を述べて居る。ついで葬祭式を制定、一般に神葬祭を奨励した。十一年（一八四〇）九月には、新たに定めた家中の墓地には、碑前に仏灯を供え、碑面に仏号を刻することを禁じた。更に十四年（一八四三）十月には、家中、郷村一般に令して、位牌等へ、信士、信女等の法号を用うることを停止し、俗名を記することを令した。進んで翌弘化元年（一八四四）には、神葬祭を強行するため、かつて制定した葬祭式を一般に公布した。かくて人民は、絶対に神葬によらねばならぬこととなった。もしこの厳制に違犯する者は、直に処罰された。

また火葬禁止の法令の出たのは、天保四年（一八三三）十月のことで、「在町の者、仏制により候て、火葬致し候者もこれある趣、相聞え候処、父母、親族の遺骸を焼き候こと、人情に於いて、薄忍のことに候へども、久しく致し来り候間、心づきなく、右等の葬致し候ことに、これあるべく候。しかしながら……人情義に背き、御仁政の筋にこれなく候条、已来は、御領中一統、火葬御制禁仰せ出され候条、その旨相心得、よく〳〵申渡し、心得違ひこれなきやう、相違せらるべきこと。ただし僧侶の義は、火葬致し候とも、勝手次第のこと。」（天保年間諸向達）とされて居る。これは神葬祭を、側面から促進するものである。更に毀鐘鉄砲が断行されたのは、天保十三年（一八四二）である。これより先、斉昭は、大砲鋳造に着手したのであるが、その材料に不足を来たしたため、撞鐘、濡仏を鋳潰して、これに充てんとしたのである。かかる意見は、すでに、天保（一八三一）二年七月の郡奉行の封事に、「大筒等御差支も御座候はゞ、処々濡れ仏、灯籠、その外無用の仏具類御取潰し、御張立に相成候はゞ、一廉の御用に相成候のみならず、民心の惑ひをも破り、旁々、一時の良策にもこれあるべし。」と見えて居る。それが、この年、いよいよ実行に移さるることとなり、「海岸防禦の義、御急務に候ところ、いづれも承知し奉り候通り、御勝手も不如意にて、思召のやうにも、お備え御行届に相成らず候故、御領中にこれある濡仏、撞鐘等にて、大砲の利器御製に相成り候については、人々御国恩の程相弁へ、差出され申すべきこと。」（御改正井回復秘録）と発令さるるに至ったのである。

なお天保十四年（一八四三）八月二十二日には、神仏分離令を発して居る。即ち諸社の神仏混淆を廃し、これを唯一に改めた。また十二月には、藩内神社をすべて唯一に改め、社僧、修験の類を廃止して、神官を以て、これに代えて居る。その他あらゆる方法をとって、藩内から、仏教を漸次駆逐することに努力した。しかしかくの如く徹底した廃仏毀釈も、弘化元年（一八四四）、斉昭が隠居、謹慎を命ぜらるるとともに、漸次中止さるるに至った。

六

第五、鹿児島藩の廃仏毀釈。慶応元年（一八六五）から、数年にわたって行われた。当時鹿児島藩には、平田篤胤の学風が流行、仏教排撃すべしとの議論が盛んであった。かかる情勢において、青年武士若干名は、藩の要路に、「壮年の僧侶の者が、ただ口弁を以て坐食しては相済まぬ。……その若い者は兵役に使ひ、老ゐたる者は、教員などに用ひ、仏具は、武器に変へることとし、寺院の財産は、藩士の貧窮なるものに頒与するがよからう。」（鹿児島藩の寺院処分）と建言したので、藩主島津久光は、その意見を容れ、廃仏を断行することとし、早速係員を任命して、廃仏毀釈の準備調査に着手、実施要綱を作成せしめた。

その折の調査によれば、薩摩、大隅、日向三国にわたる、鹿児島藩領における、大小寺院総数千六十六箇寺、寺社所領石高一万五千百十八石余、神社数大小四千四百七十社、堂宇総数四千二百八十六宇、僧侶総数二千九百六十八人であった。寺院廃止によって、藩の財政はどれだけ助かる勘定であったか。上記の寺社所領石高の他、直接寺社経営のため支出する費用六万五千余石、その他寺社敷地、田畑、山林は免租地であるが、これを課税地と改めることによって、二万石位の増加となる。結局石高にして、十万石余浮ぶこととなる。また寺院の梵鐘、仏像、仏具を集むれば、武器製造に直接必要な銅が、十余万両得られる、という計算であった。僧侶の処分については、四等分して、「十八歳以上四十歳までの壮者、兵員に充つべき者」「学識ありて、教員等に充つべき者」「老年にして、養料を与ふべき者」「農工商、各所好に任すべき者」として居る。かかる見通しの下に、廃仏毀釈は断行された。経過は現在詳かにし難いが、完了するまでに、数年の歳月を要し、明治維新にまで継続したものの如くである。

七

第六、石見津和野藩の廃仏毀釈。慶応三年（一八六七）のことである。津和野藩の藩学養老館は、嘉永二年（一八四九）、漢学中心より国学中心に改組、本居系、平田系の学者が教授に任ぜらるるに至り、神道的色彩が濃厚になった。藩主亀井茲監《これみ》は、養老館教授福羽美静等に命じて、廃仏毀釈を断行せしめた。即ち慶応三年に、藩主はじめ一藩の葬祭は、神葬祭によることとした。また藩主の菩提寺永明寺の寺領を没収、かつ菩提寺としての関係を断ったりなどした。しかし津和野藩の廃仏毀釈は、水戸藩、鹿児島藩の如く徹底したものではなく、町人、百姓は依然仏教によって居ったし、藩士の神葬祭にしても、「当時幕府の法度がありますから、全く仏教を捨てられません。葬式の際、出棺の前に、一寸僧侶を呼びました。これは仏教を捨てないという口実に過ぎませんでした。年忌等は一切僧侶を呼びませんでした。」（津和野藩の寺院処分）という不徹底なものであった。

第四部　廃仏毀釈の概観

第一章　神仏分離令の発布

一

王政復古の理想とするところは、神武天皇の古に復することであった。それは岩倉具視の顧問であった、玉松操等の意見で、その要旨は、維新の大業が、建武中興に則るなどいうのは、不徹底である。須らく、神武天皇御創業の御精神を、基とせねばならぬ、というのであった。かくて、祭政一致が、中心綱領となり、その必然的帰結として、神祇官が再興された。神祇官再興の意図は、すでに慶応三年（一八六七）十月、十一月頃の記録に、見えて居るが、いよいよその緒についたのは、明治元年正月十七日、七科中の一科として、神祇科の設置されたのを以て、その端初とする。ついで二月三日の職制改革によって、神祇事務局となり、従来、執奏その他の支配下にあった、諸社、神主、禰宜、祝、神部等は、すべてこの管轄に移された。かくて閏四月二十一日、神祇官が設置さるることとなった。そしてそれは、翌二年七月八日には、太政官の上に置かるるに至った。しかして、二年十月には、神祇官の主体ともいうべき、八神殿再興の議定まり、同十二日、早くも仮神殿の落成を見て居る。かくて天下の諸社、神主等は、ことごとく神祇官の手に属し、神祇伯の指揮を受くることになったので、祭政一致の神祇行政は、ここに全く、その中央集権化を、完了したわけである。

二

明治二年三月、太政官に設けられた、教導取調局の事務は、間もなく、神祇官に移され、神祇官に宣教使が設けられた。まずその職制をみてみる。宣教長官は、神祇伯の兼任、その下に、次官、判官、正権大中少の宣教使、及び大中少の講義生が置かれた。翌三年四月、上の職制中の、正権大中少宣教使が、正権大中少博士と改称された。また三年三月、各府藩県にも、一両名の宣教使を設け、知事、参事の兼任とし、夏に十一月に至って、官員以外の者といえども、人材に応じて、宣教使に任命することとして居る。この府藩県宣教使は、月割交代に出京して、中央の指令を受くることになっていた。ところで、宣教使設置の目的は何か。それは、明治三年正月三日、喚発された詔に、「今や天運循環、百度維新、宜しく治教を明らかにし、以て惟神の大道を宣揚すべきなり。よりて新たに宣教使を命じ、以て教を天下に布かしむ。」と明示せられて居る。この御精神を敷演して、教導節目には、「古今百事維新、国勢の世運を以て、祭政一致の大典を興し給ひ、大教宣布の詔命あり。これ即ち、神武天皇、崇神天皇、肇治の大鴻業を、追述し給ふの叡旨なり。しかりと雖《いへど》も、地方僻邑の人民に至りては、未だその詳旨を得ず、これ、地方教導の急務たる所以なり。」とし、また、宣教使の心得を、大教旨要には、「大教を宣布する者、まことによくこの旨を体認し、人情を省みて、これを調摂し、風俗を察して、これを提撕し、これをして感発奮興し、神賦の知識を開き、人倫の大道を明らかにし、神明を敬し、その恵顧の洪恩に負かず、聖朝愛撫の聖旨を戴き、以て、維新の隆治に、帰向せしむべく候。これ政教一致の御趣意に候こと。」として居る。かかる目的を以て、設置された宣教使の活動は、いかなるものであったか。二年三月には、小野宣教使権判官、及び本居権中宣教使が、かの浦上ヤソ教徒事件の、余燼未だ消えざる長崎県へ、出張して居る。また廻瀾始末によれば、三河の小参事服部某は、管内寺院の住職を、すべて教諭使に命じ、王政復古の朝旨と、人倫五常の道を、説諭せしめたという。かかる実例も見らるるが、概して言えば、所期の成績を収むることは、困難であった如くである。

三

明治四年七月四日、氏子調の法令が発布せられた。ところで、氏子調の理解のためには、溯って神葬祭の展開を、吟味して置く必要がある。よって明治維新前後における、神葬祭の展開を略述してみる。江戸時代末、神葬祭は、神主及び嫡子に限って許された。しかしそれさえも、檀那寺住職の承諾を、絶対的に必要とした。一般民衆の神葬祭も、廃仏毀釈を断行した諸藩において、一時行われたこともあるが、なおそれは例外に過ぎなかった。明治維新に至り、明治元年閏四月十九日、神祇事務局達、「神職の者、家内に至るまで、以後神葬相改め申すべきこと。」によって、神葬祭の範囲は、神職の家族にまで、拡大された。かかる時代の潮流において、神職は、漸次一般民衆の神葬祭実現にまで、積極的に努力しつつあったこと、明治元年十月、知恩院より政府への願書の一節、「神職の輩、私意を以て、暴率の挙動少からず、これにより、先般御布令の趣も、御座候へども、なほ以て、国々に於いて、神道葬祭を唱へ、民間に安置候仏像類、棄破仕候もの御座候趣相聞え候。元来神職の者、その一家限り神道葬祭に仕候は、しかるべく相心得候へども、土地の人民まで、神葬祭に相改めさせ、菩提所を離檀せしめ候などは、いかがの事に存じ奉り候。」(知恩院書翰)によって、窺うことが出来る。しかも政府においてかかる神葬祭を承認していたこと、明治元年十一月二十五日、茨城県社寺方が、「家中の者、并《なら》びに百姓町人等、神葬祭の儀願出で候はば、領主限り承届、追てお届け仕候心得にて、然るべきや。」と、伺えるに対し「邪宗門にこれなき旨分明に候へば、承届苦しからず。追て神祇官へ届くべきこと。」(茨城県中里圭作氏所蔵記録)と、して居ることによって、明らかである。かくて、すでに明治元年、政府は、仏葬祭の拘束より、民衆を全般的に解放して居ることを知り得る。ただし当時の神葬祭は、専門的司祭者を必要とせぬ、自身神葬祭が多かったものの如くである。また仏葬祭より解放されても、神葬祭、儒葬祭にもよらず、全く無宗教的葬祭に、奔ったものも少くなかったものの如く、それは、明治三年十一月、諸宗同徳会盟議案に、「神儒によらず、自葬祭と号して、寺院へ不沙汰にて、人々存じ寄りの法式を相立て、取扱候分も、これある由相聞え候。」とあり、また同年同月、諸宗寺院連署葬祭歎願に、「三道の葬祭も、煩はしきやうに相心得候上、死屍は無知のものなりなど申唱へ、いづれの法に拘らず、父母の遺骸を、朽木腐草を取り棄て候やうに、仕り候向もこれあり候。これを自葬祭と唱へ申し候由、」（江東雑筆）とあることによって、明らかである。かくて仏葬祭よりの解放とともに、葬祭は混乱を示すに至ったものの如くである。従って府藩県においては、仏葬祭より解放すべきや否や、に苦慮するものも尠くなかった。たとえば、浦和県の場合の如き、然りである。明治三年十二月二十三日の伺に、「仏葬の義は、従前尊卑の法式、数等これあり。不孝不悌の者と雖《いへど》も、普通の礼に倣ひ、身柄相当葬祭致し来り候処、神祭の式法、未だ浹洽致さず、容易に差許さば、自然父兄の葬祭、疎略相成るべきやの疑もこれあり、神職の外は、許容方見合せ置き申候。」（太政類典）として居る。しかし概して言えば、神葬祭は、明治元、二、三、と年一年、躍進的に普及したのであった。

四

かかる過程を通じて、檀家制度は、崩壊の一路を辿り、しかも、かかる情勢において、政府は、明治四年五月、宗門人別帳を廃して、法制的に、檀家制度より、一般民衆を解放したのであった。しかしその一面、神葬祭の流行、檀家制度よりの解放は、未だヤソ教に対する脅威の去らなかった当時においては、邪宗門改を、いかにすべきかの問題を、再び日程に上した。かかる必要に応じて、諸藩においては、すでに神職をして、戸籍を掌らしめ、宗旨改証文に、加判せしめて居るところもあった。

新政府においても、すでに早くから、宗門人別帳に代るべき、新戸籍法制度の必要を認め、明治二年九月、集議院に、氏子調の規則に関する諮問案を提出、三年六月には、熊本、佐賀、久留米、柳川、厳原等、九州十藩に施行された氏子調仮規則を発布、九月には、一般諸藩にも、通達を発した。その要旨は、「華族より、士族、卒、庶人に至るまで、その地の籍に編入これある者は、すべてその産生神社へ、名簿を納め、神社の印証を受け、所持致すべきこと。」「養子、嫁入、従僕、奴婢、その外、他処より来往の者は、まづ、その居附地の神社へ、名簿を納め、印証を受け、追て、本国産生神社より、印証を受け、所持致すべきこと。」「生児これあり候はば、貴賤にかかはらず、すべて産生神社へ、小児を社参させ、名簿を納め、産生神社の印証を、受け申すべきこと。ただし社参の日限は、各地の風習に従ふべしといへども、凡そ五十日を越ゆべからず。」である。ついで翌年四月には、新戸籍法が、発表されたが、その中に、六ヶ年毎の戸籍改の時には、氏神の守札をも、同時に検査すべきことが、規定されて居る。この戸籍法は、明治五年二月一日を期して、全国一斉に施行さるることとなったが、それに先立って、明治四年七月四日には、氏子調の令を下して、全国劃一的に、実施することとした。その要旨は、「臣民一般出生の児あらば、その由を戸長に届け、必ず神社に参らしめ、その神の守札を受け、所持致すべきこと。」「即今守札を所持せざる者、老幼を論ぜず、生国及び姓名、住所、出生の年月日と父の名を記せる名札を以て、その戸長へ達し、戸長より、これをその神社に達し、守札を受けて渡すべし。」「他の管轄に移転する時は、その管轄地神社の守札を別に申受け、併せて所有すべし。」「死亡せし者は、戸長に届け、その守札を、戸長より、神官に戻すべし。」「六ヶ年目毎戸籍改の節、守札を出し、戸長の検査を受くべし。」であった。この制度の実施によって、神社は、前時代の寺院と何等変らざるものとなった。また神職の地位は、従来の世襲制が廃止されて、すべて官の撰任となり、それぞれ相当位、相等官に叙任され、その給禄も、その身分に応じて、政府ないし氏子中より、支給さるることになり、全国の神職、すべて国家の官吏となった。かくて神道国教主義は、その形態を整備するに至った。

五

神仏分離は、かかる神道国教的気運の中に、理解出来る。ところで、神祇の尊厳さは、平安時代以来、仏教の本地垂跡説に禍いされて、著しく混濁されて居る。従って、かかる混濁を除去、神祇の真姿を顕現することが、必要である。換言すれば、本地垂跡的諸要素を除去することが、肝要となるのである。よって明治元年三月十七日に、神祇事務局達を以て、「今般王政復古、旧弊御一洗なされ候につき、諸国大小の神社において、僧形にて別当或ひは社僧などと相唱へ候輩は、復飾仰せ出され候。」と令された。ついで二十八日には、同じく神祇事務局達を以て、「中古以来、某権現、或いは牛頭天王の類、その外仏号に相称へ候神社少からず候、いづれも、その神社の由緒、委細に書付け、早々申出づべく候こと。」「仏像を以て、神体と致し候神社は、以来相改め申すべく候こと。附《つけた》り、本地等と唱へ、仏像を社前に掛け、或いは鰐口、梵鐘、仏具等の類差置き候分は、早々取除き申すべきこと。」とされた。この二つの法令は、維新政府の仏教政策の、根幹をなすものである。そしてその法令を実施するに当り、説明的な、補足的な法令が、次々と発布された。即ち四月日《ママ》太政官達、「このたび大政御一新につき、石清水、宇佐、筥崎等、八幡大菩薩の称号とどめさせられ、八幡大菩薩と称し奉り候様、仰せ出され候こと。」が出て居る。菩薩という本地垂跡的称号の廃止である。四月十日には、神仏分離を実施するに当り、神職の横暴、僧侶の頑迷を、戒飭するための、太政官布告が出て居る。閏四月四日には、太政官布告、「今般諸国大小の神社において、神仏混淆の儀は、御廃止に相成候につき、別当、社僧の輩は、還俗の上、神主、社人等の称号に相転じ、神道を以て勤仕致すべく候。もし亦《また》拠どころなき差支これあり、且は仏教信仰にて、還俗の儀不得心の輩は、神勤相止め、立退申すべく候こと。」が出て居る。別当、社僧の、神主、社人への転職を、勧奨せるものである。閏四月十九日には、神祇事務局の達、「神職の者、家内に至るまで、以後神葬に相改め申すべきこと。」が出た。神主の待望久しかった、神職家内一同神葬祭が、ここに始めて認められたのである。十月十八日に、太政官より、日蓮宗諸本寺へ、「王政御復古、更始維新の折柄、神仏混淆の儀、御廃止仰せ出され候処、その宗に於いては、従来三十番神と称し、皇祖太神を始め奉り、その他の神祇を配祀し、且曼荼羅と唱へ候内へ、天照皇太神、八幡大神等の御神号を書加へ、剰《あまつさ》へ死体に相著せ候経帷子等にも、神号を相認め候こと、実に謂れなき次第につき、向後禁止仰せ出され候間、すべて神祇の称号、決して相混じ申さざる様、屹度相心得、宗派末々まで洩れざる様、相達すべき旨、御沙汰のこと。」と達せられた。日蓮宗の曼荼羅は、江戸時代排仏論者が、論議の対象としたもの、ここに逸早く問題とされたのである。かくて政府は、江戸時代における、仏教中心の宗教政策を放擲、神祇中心主義へ転換、その強化に只管精進したのであった。

六

ところで、一聯の神仏分離の法令は、現地においてはいかなる変化をもたらしたか。焦点を叡山坂本の日吉山王社に移動させてみる。神祇事務局達が、大津裁判所から、日吉社の社司にもたらされたのは、三月三十日のことであった。社司樹下茂国は、日吉社から、本地垂跡的諸要素を撤去することを決意、四月一日、彼は生源寺従四位を以て、達のことを、叡山当局に報告、かつ七社神殿内陣の鍵を渡されたきこと、また山門も立会われたきこと、を申し入れた。執行代は、これを全山の大衆に報せたので、一山衆徒の大会議となり、衆議沸騰して、決着するに至らず、血気にはやる衆徒等は、殺気を帯びるに至った。よって執行代は、この実状を座主宮に言上、その指揮を仰ぎ上った。かくて、往復問答すること数回に及んだが、容易に解決するに至らなかった。ここにおいて、もはや猶予すべきにあらず、この上は、武力を以て決行すべしとて、樹下茂国は、生源寺社司、及び部下の祝部に、京都より馳せ参じた同志四十余名、ならびに坂本村の人夫数十名を加えて一隊となし、槍、棒などの兵器を携えて、山王権現の神域に乱入、直に神殿に昇り、殿扉の錠をねじあけて、殿内に入り、仏像、経巻、法具等、いやしくも仏教臭味あるものは、これをことごとく階下に投げ捨てた。当時の実状を、樹下茂国は、口供書に、「仏像、仏具等は、一所に囲ひ置き申し置くべき議定に候処、その場に相成り、京都より参り候者の内、焼き捨てに致し候方、しかるべきの旨、申し聞け候につき、私義も至極のことと存じ、老分の者へ申し聞け、それ〴〵差図致し、仏像、仏器等は、すべて焼き捨てとなし、……その節、厨子等を、社司どもより、打ち抛ち、又は多人数の内、槍の石突等を以て打砕き、火中致し候趣」と、して居る。この時、破棄焼却された仏像、経巻、法具等、実に百二十七点、大般若経六百巻も、一点として計算されているので、実数にすれば、莫大な点数である。なお、社人等の持ち去ったものが四十八点あった。

その他石清水にては、社僧みな服飾《ママ》〔復飾の誤記か。以下同〕、俗名に改め、急に妻帯することとなった。しかるに、山上の諸坊が撤廃されたため、住むべき家屋もなく、また諸大名の祈禱料は断絶したので、日々の生活すら困るに至った。そこで協議して、仏教関係の堂舎、法具を整理して、生計費を拈出することとし、大阪の古物商を呼んで、売払いの入札をせしめた。翌二年十二月に、石清水の開山行教和尚の、還俗服飾《ママ》の儀式が行われた。そして開山堂は、神殿に造りかえられ、継弓社と号した。また行教和尚の木像の頭に、烏帽子が釘付けにされた。

次に日光、ここにおいては、神仏分離の令が出るや、護光院の、彦坂諶厚が、一山を代表して上京、社寺裁判所において、日光山の神仏分離は、不可能であることを述べ、強いて行わば、却って混淆に陥るであろうことを訴えた。嘆願は容れられなかったが、実行は著しく遅れ、四年五月に至り、いよいよ分離実行の官命が下った。僧侶の神勤は廃せられ、東照宮と二荒山とは、全く輪王寺より独立した。そして僧侶は、御門主宮の旧殿を賜い、一山の僧侶八十余名、すべてここに合併居住、ただ一つの満願寺を称するを許された。東照宮ならびに二荒山の仏堂は、満願寺に引き取りを命ぜられた。その後紆余曲折はあったが、国宝的見地よりする、朝野の反対により、仏教関係の諸堂舎が、破壊を免れたのは至幸である。

以上二、三の実例を挙げてみた。かかる事実は、全国にわたって枚挙に遑《いとま》ない位であった。本地垂跡説は、その説の功罪は暫く別として、とにかく約一千年の歴史をもち、しかも民衆に深く浸潤していただけに、本地垂跡的諸要素を、除去することは、容易のわざではなかった。しかし二年、三年、五年、と経つ中に、当局者の熱意は、見事成功を収めて居る。

七

神仏分離は、何々権現と称し、神か、仏か、その帰属の明らかならざるものにも及んだ。そしてそれらは、すべて神社に改められた。その一つの実例として、羽前羽黒山の場合を叙述してみる。羽黒山は、事新しく言うまでもなく、古来修験道の霊場として知られ、月山、湯殿山とともに、出羽の三山、または羽黒の三山と称せられた。そこに住する修験の徒を、羽黒山伏と称し、その盛時には、全山の坊舎七千に達した、と言われて居る。明治三年、酒田の民政局は、羽黒権現を改めて、出羽神社とし、別当寂光寺宝前院権僧正霊山院官田、以下の復飾を厳命した。よって官田は、羽黒宝前と改名した。かくて彼は、出羽神社宮司に任ぜられた。修験の十八坊も、皆服飾《ママ》せねばならなかったが、彼等は協議の結果、仏像、仏具は、三坊に移転安置することとした。すなわち十五坊は廃毀、住持は一同服飾《ママ》して、神社に出仕することとなった。表面は、かくの如くであったが、内実は、依然旧来の風儀に任せていた。宮司をはじめ、神社に出仕するときは、神職の服を着けたけれども、平素は、僧侶の服装であった。また、一切神社の儀式によらねばならなかったけれども、それは容易に実行されなかった。神饌に、魚鳥を供うべきことを厳達されたが、祠官は、これを憚った。従来、魚鳥等を不浄として、厳重に、禁制したものであったから、権現の霊威を、怖れたのである。しかし国家の大方針には、違背せられぬというので、紙子の鳥、木の魚を作って供えたという。ついで教部省の役人が、出張し来たって、七口の先達者を説諭して、神主たらしめた。復飾した先達の住坊は、神社の出張所とされた。これを要するに、羽黒宝前の時代は、表面は神社であったが、裏面は寺院であった。明治五年二月、宝前が没し、翌六年九月、宮司西川須賀雄が、東京から赴任した。彼は赴任当時の、羽黒神社の実情を、井上頼圀に宛て、次の如く報告して居る。「羽黒山の如きは、二千年この方仏地にて、山麓の旧修験、大方天台に帰入致し、種々のこと申立て候故、或ひは、懇々と説諭を加へ、或ひは、これを文章などに作為して、示し候ところ、中には、道理に心服致し候者も御座候へども、大抵は、頑固の強情をおしはり、殊に今度復飾の神勤の輩さへ、表は袴羽織着し、出頭致し候ても、退いては法衣を着し、護摩焚き候所業これあり。且又境内の仏体、神務所の仏壇等も、依然として取除かず。我輩も参着かけより、三度の食事にも精進物のみ、魚類等は見ることも出来申さず候。余りあきれたることに候へども、改正の祭奠までと堪忍致し、本日始めて神前にも、神務所にも、魚鳥うるはしく献備、直食にも大鯛、真鯛、鮎など調理致し、衆官にすすめ候処、或ひは、始めて生物を食して、大いに胸を悪くしたるものあり、或ひは、一切食はざるもあり、或ひは、はじめて美味を知りて、したたかに食ひたるもありて、一概ならず。」（羽前出羽神社調査報告）と。かくて彼は、神仏分離の断行を決意、着々と、仏寺、仏堂の整理を断行した。即ち炎魔王の大石像が、普賢堂の辺に安置されていたので、彼は祝詞を読み聞かせて、後板囲いすることとした。しかし誰も同意しなかったので、石工をして、破壊させようとしたが、石工等も、炎魔王の威霊ありといい、恐怖して手を下さなかった。よってやむなく、他所に運搬し去るの方法をとった。また羽黒山から、月山へ登る山路の両側に、夥しく石地蔵が安置されていたのを、人足に命じ、渓谷に突き落させた、とも言われて居る。その他色々の話が残って居るが、煩をさけて省略することとする。その他神仏何れか不分明である場合、たとえば相模大山、遠江秋葉山、近江竹生島、越前の石徹臼社、大和金峰山、讃岐の金毘羅、伯耆大山等、そのことごとくが、天下に喧伝された霊場だけに、そこに奉仕せる供僧、後の服飾《ママ》神主、または、その附近の、民衆の信仰動かし難く、従って神仏分離の実行は、中々容易ではなかった。

第二章　廃仏毀釈の実況

一

江戸末期に近づくに従い、排仏論は急展開、すでに所によっては、廃仏毀釈さえ、実践されていた。ただ当時の廃仏毀釈が、局部的であり、かつ不徹底に終ったのは、幕府が、寺檀制の維持という政策を、放棄し得なかったからである。ところで、すでに江戸幕府は倒れ、王政復古の御代となった。そして新政府は、仏教国教主義を放擲、神祇中心主義を標榜、すでに神仏分離をさえ断行しつつある。しかも、地方政治は、未だ諸藩の手に委ねられて居り、かつ諸藩の指導層には、革新的気運横溢、水戸学、国学の影響圧倒的である。廃仏毀釈の気運は、いやましに高まり、しかも、それを阻止する何物も存在しない。加うるに、政府の方針は、廃仏にあるかの如く、誤伝されていた。たとえば佐幕の残党は、「訛言を以て、廃仏毀釈これつとむなど申し触らし、下民を煽惑動揺。」（摂信上人勤王護法録）せしめた。のみならず、「この度王政復古、神武創業の始に基せられ、諸事御一新、祭政一致の御制度御回復遊ばされ候について、まず仏法は、御廃止のことに決定致し候。それについては、国中の寺は残らずつぶれ申すべし。」（説教随時新談）の如き、流言が乱れ飛んでいた。かかる雰囲気の中に、廃仏毀釈が、相ついで行わるるに至ったのである。

二

薩摩藩。前に述べた如く、薩摩藩の廃仏は、慶応元年頃、廃仏の具体案が作成され、着々実行に移されていた。まず鹿児島、それより漸次地方に及びつつあった。明治元年九月廃仏につき、達によれば、その頃、「指宿その外拾一ヶ所、寺院の内、廃寺等仰せつけられ候。」という情況であった。その達は、十二箇条よりなって居るが、その中に、「廃寺の僧侶どもには、此涯本寺、または法類便宜の方へ、引取候やう仰せつけられ候。」「廃移寺合院衆仏の儀、本寺、または郷内現存の寺院一寺へ、同躰の仏像数多安置に及ばず、一寺へ一躰づつ安置仰せつけらる。その余は金銀銅鉄木石構ひなく、すべて撥遺の上、金銀銅鉄の仏像は、寺院取調方へ差出すべく候。」「廃寺の校割物、幷《なら》びに御寄附品、御文書類は勿論撞鐘、磬子、銅器類に至るまで、その郷内寺院住僧並所掛役々立会、改方の上、寺院取調掛御役々へ、届け申づべく候。」（鹿児島藩廃寺に関する史料）の条々が、散見する。薩藩は、明治維新の聖業達成に精進しつつも、一方国内改革の一翼としての廃仏毀釈は、依然続行していたのである。ついで二年三月、藩主島津忠義の夫人照子、逝去するや、その二十五日、知政所の名をもって、「御先代様御葬祭の儀は、これまで、仏家の作法を以て、御執行あらせられ来り候へども、この節、御前様御逝去については、方今復古の御盛典に基づかせられ、御葬祭向、すべて神国の礼式を遂行せらるべき旨、仰せ達せられ候条、この旨向々へ申渡すべく候。」と、つまり以後すべて神葬祭によるべき旨を宣言した。翌六月に至り、「中元、孟蘭盆の儀御吟味の訳これあり、御領国中一同御禁止仰せつけられ候。さ候て祖先祭の儀、仲春、仲冬両度に執行致し候やう、仰せつけられ候。……仲春の祭二月四日巳後、仲冬の祭十一月中の巳後、その家々に於いて祭日相撰み、執行致すべく候。」と、即ち中元、孟蘭盆の廃止、それに伴う祖先祭の制定を令した。かくて十一月、「御領内寺院廃せられ候条、御仏餉米、祠堂銀までも引取り仰せつけらる。諸仏の儀、悉《ことごと》く廃せられ候旨、仰せ達せられ候条、」（薩摩の廃仏とその復興）の法令を端初として、本格的廃仏を断行するに至った。ここにおいて、歴代藩主の廟号も、俄かに神式に改められ、寺院内にある藩の墓地も、従来寺号を以て称していたのを、地名を以てすることに改めた。いうまでもなく、寺院はすべて廃絶せしめられ、僧侶はことごとく還俗せしめられた。つまり慶応元年の統計に見ゆる、寺院千六十六箇寺、僧侶二千九百六十六人が、廃絶、還俗せしめられたわけである。仏像、経巻及び一切仏具は、藩吏監視の下に焼却され、また石の仏像は打毀して、河川の水除等に用いられた。三年三月には、神習草を刊行、各家に一部ずつ配布した。藩の国学局が、廃仏の趣意を徹底させ、神道の知識を涵養させるため、神道御用係に命じて編纂せしめたものである。総紙数十一葉、諸神の名称、出生、功徳を略述、更に、「妖々しき僧徒輩が、偽妄の説に欺かれて、皇国自然の風」を忘れたるを難じ、神道に帰依すべきをすすめ、神拝の法を解説して居る。表紙裏に、廃仏の理由を、俗耳に入り易きが如く、「凡そ仏法といへるものは、愚人を諭すために作りたるものにて、千年前より皇国にも渡り来れり。しかるに悪業をすれば、地獄といふに堕落するなど言ひ聞かせて、愚人を導けるも、勧善の一端なりとて、弘め給ひしを、後世の愚は、いかなと仏に欺かれても、悪心を改むることなく、遂に国家の害となりつれば、これを廃し給ふは、上古の善政に復したることとなり。」と、説明を施して居る。なお本書刊行の理由は、「今般仏法御廃止につき、従来後生極楽等の偽説を信じ、深く迷ひ居り候ものを、御教諭のため、この書御著述あらせられ、梓に鏤《ちりば》め、頒行仰せつけられ候。御藩内に於いて、戸毎に壱部ずつ拝納し奉る。朝夕拝読して、神恩、国恩の尊きことを、有難きことを、感戴し奉り、日々神に仕へ奉り、祖先を祭る時は、家運長久、子孫繁栄の基なるべし。」と、されて居る。ところでかかる全面的廃仏は、民衆の果してよく忍び得るところであったか。しからず。たとえば、明治六年五月、聴訟課達に、「僻違の地は、愚昧の頑民ども、ややもすれば仏の虚誕に迷ひ、阿弥陀を信仰し、復生の願を掛け、挙村講社を結び、ひそかに他県より、一向末派の僧侶を招き入れ、夜中辺鄙の野山、或は空閑房堂に仏座を設け、群居して法談を聴聞し、」(鹿児島廃仏に関する史料)という一節がある。かかる民衆の切実なる宗教的要求と、全国に捲き起された信仰自由運動の擡頭が、明治九年九月五日の布達、「各宗旨の儀、自今人民各自の信仰に任せ候条、この段布達候こと。」(薩摩の廃仏とその復興)、となって、あらわれた。かくて前後十二年にわたり、天下の耳目を聳動せしめた、薩摩藩の廃仏は、その幕を閉づるに至った。

三

隠岐。明治維新時代における隠岐の状勢は、次の如くであった。正義派と自称する急進党と、因循派と世間から言われた保守党に分れていた。因循派というのは、寺院僧侶、及びその信徒達であった。それに対して、正義派は、皇漢学を修めた、革新的な、排仏的な人々で、その代表的人物は、中沼了三、松前荷前等である。明治元年六月、つまり神仏分離令発布の直後、正義派が優勢となり、一挙に仏教排撃を断行、全島にわたり、仏教関係の堂舎、図像を破毀、各戸もこれに倣うて、仏像を破毀した。翌明治二年三月以後、廃仏は一層熾烈となり、遂に隠岐全島の寺院は、ことごとく廃滅に帰せしめられた。廃仏の実況については、やや遅れるが、明治五年、鳥取県より、教部省への報告に、「同国の儀は、去る巳年、一円寺廃毀仕り、今日に至り現存するもの一寺もこれなし。」（社寺取調類纂）とあり、また明治四年八月、隠岐出張所より、浜田本庁宛の報告に、「廃寺院中、本尊、法具は申すに及ばず、路傍の石仏、木像に至るまで、大小悉《ことごと》く毀ち尽し、僧侶の儀も、七十余人の内、五十三人は疾く還俗して、農籍に入り、その余は、出国行脚となり、更に再興すべき形勢とは相見え申さず。」と見えて居る。なおこれは、神仏分離令にもとづくものであるが、神社における仏教関係の仏像、仏具の類は、皆取出して破棄された、一方、「葬祭もすべて神式により、邪教の改はめい〳〵氏神神職にて、これを取扱」（社寺取調類纂）うこととした。その徹底さ見るべきである。三年六月のこと、浜田県は、隠岐の公文所に対し、「当国中、寺院の仏像、或いは焼捨て、或いは打毀ち候段、いかがの子細に候や。」と、廃仏の理由を質問して居る。かかる質問が、何が故になされたかは、今暫く議論の圏外に置いて、その回答書の中に、廃仏の理由を、「元来、当国民情、神道を尊信し、仏道は、五倫を紊り、政教を妨ぐるの邪道にて、僧侶の義も、専ら檀家の施物を貪りとり、徒らに素餐を致すのみならず、驕傲を極め候を惜み、何卒仏法破滅の機会はこれなきやと、かねて憤懣罷りあり候処、」として居るのは、注目に値いすると思う。つまり皇漢学の流行とともに、排仏論書が読まれ、そしてそれが、指導層の心を捉え、遂に廃仏毀釈の実践にまでかり立てた、明治維新当時における、隠岐の姿を彷彿せしめ得るからである。四年正月、島民は全く仏教を捨て、神道に帰することとなり、公文所に、「今般宗門御改革に相成り、産土神社の帳付に相成り候上は、向後只管産土神を尊敬仕るべく候。且葬法、祭儀等、御規定の通り堅く相守り申すべく候。」という血判状を提出した。もとより強請によるものである。また僧侶は全部還俗せしめ、還俗せざる者は、島外に追放した。従って、隠岐には、ある期間、一人の僧侶もいなかったわけである。それ程に、ここの廃仏毀釈は、徹底していた。

しかしかかる仏教弾圧は、何を結果したか。隠岐出張所より、神主への布令には、廃仏毀釈直後の民衆の信仰状態を、「昨年より国中宗門改の義、神社改に相成り候上は、別して神祇を崇敬し、祭礼等怠慢なく執行すべきところ、一昨年紛擾以来、何となく神社おろそかに相成り、下々甚しきに至り候ては、神仏とも廃せられ候やう、相心得候ものも、これあり候やに相聞え、」(隠岐の神仏分離事件の顚末)と、して居る。ここに極度に萎縮、無宗教状態に陥って居る農民の姿態を、想像することが出来る。ところで廃仏毀釈とともに、廃寺僧侶、及び各宗本山の政府への運動も、猛烈に行われていた。かかる運動が奏功したのか、明治四年十一月に、浜田県は、廃仏の実況を精査、責任者横地官三郎を、徒刑一年半、忌部正弘を、自宅謹慎一年の刑に処した。後明治十二、三年頃から、漸く再興の運に向い、明治四十四年には、各宗寺院二十二箇所、説教所若干を数うるに至った。隠岐の廃仏は、島国のもつ隔離性が、その廃仏を、徹底的ならしめて居る点に特徴がある。

四

佐渡。明治元年十一月二十一日、奥平謙甫は、聴訟方役所へ、諸宗本寺住職の出頭を命じ、寺院併合の命令、「国中前在の寺院、いづれもその宗門本寺へ纏め、当住一代はこれまでの檀中諸用相勤め、施物を請け申すべし。その者病死候はば、檀家は本寺へ返し候こと。」「前書本寺へ纏め候上は、有来りの小寺は、廃し候こと。ただし本寺の内手狭にて、住職成兼候程に候はば、境内に手軽に建て続ぎ候義は苦しからざること。」「他国末の寺院も、その派にて守立候寺中へ纏め、自国にて、本寺の類は、まづそのまま差置くべきこと。」(御一新法中記録)を、申し渡し、請書を書かせた。具体的に言えば、当時佐渡県管内における寺院総数は、五百三十九箇寺、内訳すれば、「真言宗三百六箇寺、天台宗十五箇寺、浄土宗三十八箇寺、禅宗六十五箇寺、浄土真宗四十八箇寺、時宗十四箇寺、日蓮宗五十三箇寺、」(すみれ草)であったのを、八十箇寺に合寺せよ、その期限は、十二月十日、ただし浄土真宗は、家族もあることであるので二十日まで、宜しいというのである。当局の態度強硬である。十一月二十一日には、「寺院の内百姓持つところの田畑、質入、又は流地等に相成り、ただ今寺附に相成候は、不都合の筋につき、最前取入の代銭を以て、返地致さすること。」「社寺除米の儀、往古よりの引付を以て、夫々御渡し相成り来り候処……謂れなき義につき、以来一円お渡しこれなきこと。」「社寺除地、除畑、除屋敷の義は、以来没収遊ばされず候間、一寺限り歩畝取調べ申すべきこと。」（御一新法中記録）の命令が出た。しかもかかる場合の常、二十三日には、「諸寺院を封印するために、官吏すでに出張せり。もし住職に於いて故障を云ひ、寺院を立退かざれば大砲にて焼払ふ。」（すみれ草）の流言蜚語さえ飛んだ。寺院僧侶は不安の日を送った。十二月三日には、再び諸宗本寺住職を召集、期限までに、合寺せざるものは、処罰すべきこと、なお僧侶の心得として、「士民を勧め、僧侶に度すること、これあるべからず。」「俗家に至り、人を集め、説法勧化等、これあるべからず。」「寺門へ人を集め、遠忌、法談などと唱へ、布告の儀、これあるべからず。」「人の死体は、土葬用ゆべし。火葬に致さすこと、これあるべからず。ただし僧侶、××、非人は火葬に申付け候なり。」「牌子、墓表は、その者生前の姓名を用ふべし。戒名を授くること、これあるべからず。」「金銀銅錫を以て、仏像、仏器を造作のこと、これあるべからず。ただし木像と雖《いへど》も、新規の造営停止のこと。」「浄土門徒、当住の外、その子弟剃髪の儀、これあるべからず。」（御一新法中記録）を示し、即座に、請書調印を命じた。かくて僧侶の宗教活動は、著しく拘束さるることとなった。合寺延期は、しばしば願い出られたけれども、遂に許されず、いよいよ合寺の日となった。その日の状況は、「天気晴朗、地上一面の銀世界、……これ空前絶後の凶日にして、道俗紅涙に袂を沾《うるお》せり。開基以来数百年、御崇敬致せし五尊を、櫃、長持に納め、或いは仕職自ら脊負ひ奉り、家族を始め、門徒同行涙ながらに奉送」と、描かれて居る。翌二年二月八日、真宗寺院は京都本山へ願書を出した。その一節に、「御一派にては、在方九箇寺、相川組四箇寺、御立置の儀、願詰め申候。その余は、御本尊並に御影様供奉致し、立置寺へ移住仕候。都合十三箇寺立置に相成り候へども、これとても当住一代限りのことにて、新発意より、俗家に相成り候外、致方これなく候。目今の現況にては、僧侶一同有髪に相成り居り申し候、もし違犯の僧侶は、厳科に処すべき旨、仰せ渡され候。来三月にも相成り候はば、除地御引上、堂宇破却に相成り候やも計り難く、僧侶一同慨歎仕り居り候。」と、見える。僧侶の焦慮絶望、彷彿たるものがある。また同書に、「国制として、出国判を奉行所より拝受せざれば、出国も相成らず、もし脱走の僧侶は、鉄砲にて打捨つべき旨、それ〳〵渡船所へ触達もこれあり候趣、強《ママ》いて、出判願出で候へば、差出し候へども、その者は国境追放に相成り候由、」と記されて居る。当局が、僧侶が外部と連絡するを阻止して、換言すれば、交通遮断を実施、以て廃仏の実現に邁進しつつあるさまを、偲ばせるではないか。十七日には、「民家に於いて、念仏講、地蔵講、題目講などと唱へ、人集め致し候儀は、畢竟飲食の費へを招き、職業の障りに相成り候間、今後は右の講類相成らず候こと。」（すみれ草）と、達せられた。かくて宗教活動の自由は、益々拘束された。教界の前途に、見切りをつけた僧侶は、続々帰農願を提出した。ただし、浄土真宗の僧侶には、一人の帰農者もなかったという。三月二日、廃寺の梵鐘、仏具類は、すべて提出すべきことが、令せられた。ところで梵鐘、仏具類の調査は、合寺実施前後に、行われていたので、それによって、細大洩らさず没収したのである。その調査は、詳密を極めたもので、一例をあぐれば、「辰十二月十一日御改扣、前法教院所持。一、真鍮仏具、台面、内鈴は古鈴、唐金なり。一、半鐘、壱口、拾壱貫八百目。一、磬、一口。一、小声、一口。一、錫杖、大壱振。一、真鍮鈴、一つ。〆六品。五品、壱貫三百六十目。合、拾参貫百六十目。御改役、西川義一。」（御一新法中記録）と、いうのであった。没収したそれら仏具は、鋳潰して、大砲及び天保銭を新鋳した。三月四日、諸宗寺院の除地処分怯が申渡された。それによれば、没収する予定であったが、寛大の処置を以て、立置寺の分は、検地の上、そのまま所持せしめ、廃寺の分は、帰農願を出した者に限って、これを給与するというのである。ここに帰農の積極的奨励方針をみることが出来る。七月二十六日には、住職撰任、寺格、服制についての達があった。中に就いて、住職は、血縁相続、師資相続、その他従来の住職撰任に関する慣習に拘泥せず、人材を簡抜すべきことを、規定して居るのは、注目に値すると思う。つまり明治維新の廃仏毀釈にも、極めて微弱ではあるが、かかる寺院改良論的一面もあったのである。閑話休題、さしも激烈を極めた佐渡の廃仏毀釈も、二年八月を堺線として、多少緩和さるるに至った。それは、この月奥平謙甫が、佐渡出張の任を解かれ、九月、新五郎が、佐渡藩知事として、赴任したためである。三年二月二十五日、諸宗本寺住職が呼び出され、従来八十箇寺立置く積りであったが、今般百三十五箇寺を立置くこととした旨の申し渡しがあった。かくて立置寺院は、百三十五箇寺、内訳は、真言宗五十七箇寺、天台宗二箇寺、浄土宗十三箇寺、禅宗十八箇寺、浄土真宗二十三箇寺、時宗二箇寺、日蓮宗二十箇寺、となった。しかしそれ以上の再興は認められぬ。よって廃寺復旧願書を出すもの相ついだが、そのいずれも許可されなかった。四月、鑑督司松井清蔭が東京より来島したので、佐渡寺院一同より、直訴に及んだ。そのためか、十四日、「廃寺の儀につき、先般それ〳〵触れ達し置き候へども、今般吟味の訳これあり候につき、追て申し候までは、廃寺の分一同、什物、田畑とも、そのまま檀家どもへ預け申しつけ候条、僧徒は当分堂番申しつけ候とも、又は帰農致させ候とも、檀家ども申合せ次第、相当の世話致すべく候こと。」という県の達が出、僧侶の帰農、寺産の管理等、著しく緩和された。その後四年八月十六日、真宗廃寺院の者は、葬式法要等が、廃寺において行えぬので、ために、村内死亡の者ある時は、遺骸を、遠方まで持ち運ばねばならぬ、よって、入費が多分にかかり、難渋致すので、廃寺において、葬式法要差し許されたい、と願い出たけれども、勿論許されなかった。ついで五年三月、佐渡藩戸籍掛より、廃寺の檀家は、立置寺院へ改檀すべし、と命じたので、大騒ぎとなった。そしてしばしば歎願が繰返された。その結果であろうか、三月二十九日、「廃寺堂番の儀は、去春相達し候通り、その身一代は、改檀致し候寺院代の心得を以て、檀用仏事等取扱はせ候間、その旨相心得申すべきこと。」「一向宗廃寺堂番は、追て御処置の次第もこれあるべく候間、それまでの内、改檀寺院代の心得を以て、檀用仏事等取扱ひ申すべく候。」（すみれ草）という相川県達が出た。ついで七年、九年、十年と、廃寺復旧の願書は出されたが、みな却下された。十一年十月二十日に至り、真宗東派十二箇寺の再興を許され、翌十二年八月、願により、何寺住職と公称し得ることとなり、十五年には、なお六箇寺の復興が許された。かくて漸次、佐渡の寺院も復旧するに至ったのである。

佐渡の廃仏毀釈は、薩摩藩や、隠岐のそれの如く、地域内、一仏寺、一僧侶の存在を許さずという底《てい》の、廃仏毀釈ではなく、寺院、僧侶の徹底的減少をはかり、一面その宗教的活動を拘束、葬式、法事等に限定せんとする方法である。神道的色彩も極めて稀薄である。かかる点からみて、その理論的基礎が、儒者の排仏論、更に言えば、正司考祺、中井竹山、履軒あたりの排仏論に、近きを思わせる。そしてそれは、畢竟社会経済に対する寺院、僧侶の重圧を取り除かんとするのである。かかる理論的根拠に立つ廃仏毀釈に対し、明治三年三月、真言宗廃寺一同が、「廃寺一条の御趣意は、元来、御国柄不相応、寺院数多くて、やむを得ず廃寺仰渡され候趣、恐れ承り奉り候。就いては一国真言宗内の僧徒、これまでは、他国大本山に相詰め、留学仕り候へども、国家の疲弊少からざる儀につき、以来は当国檀林所の内にて、学寮所を取極め、学業勉励仕り、いささか国家不益の儀に相成らざるやう、仕るべく候。」「出世、官位等は、自然国弊に相成るべきこと故、向後、位官等相とどめ、他国へ一切金銭出さざる様、堅く取極め、国家の疲弊に相成らざるよう、仕るべく存じ奉り候。」（すみれ草）と、連署歎願して居るのは、一応時宜を得た方策とも言えるが、しかし事態、すでにここに至っては、それは、自粛の形式としてならとにかく、廃仏毀釈の進行を、阻止する力ではあり得なかったのである。

五

松本藩。明治維新当時、松木藩の藩知事戸田光則は、朱子学を奉じ、その下に、大参事稲村久兵衛という者があって、これも朱子学を奉じ、殊に水戸学を尊崇していた。更に、多くの国粋家がいた。かかる思想的雰囲気の中に、松本藩の廃仏毀釈は、断行された。明治二年七月、藩主は、率先その家に関係ある諸寺院を廃毀して、以て藩内に、その範を垂れた。明治三年八月、藩知事は、弁官に宛て、一通の願書を提出した。その中に「最初臣一家を始め、神葬祭に仕り、当藩士族、卒志願次第承り届け、遂には管内悉《ことごと》く神葬祭に、相改めさせたく存じ奉り候。」と、廃仏の決意を披瀝、次に、その手順を、「臣が菩提所……全久院……前山寺儀、檀家一同神葬出願承り届けし上は、無檀地に相成り、有名無実にして、無益の贅物につき廃却仕り、住僧生活相立ち候まで、臣家禄の内より給助仕り、両寺とも学校などに相改めたく、その他、管内寺院無檀無住の贅物は、同様廃却仕りたく、この段伏して願ひ奉り候、」と、記して居る。

この願書に対する指令は、「故障の筋これなく候はば、苦しからず候こと。」と、いうのであった。ここに、彼の廃仏毀釈断行に対する決意は強められ、本格的にその工作を進めた。即ち改典掛を設け、藩士は、家老、用人、番頭より徒士、足軽に至るまで、残らず神葬祭に改めしめ、次に町方役人の分も、残らず神葬祭に改めしめた。その際、士族には新墓地を与え、寺院の墓地に葬ることなからしめた。それより掛役人は、村々へ出張して、村役人に命じて、全村民を集め、廃仏の必要を説き、神葬祭を出願せしめた。その願書の様式は、「願ひ奉る口上の覚。方今御一新の御趣旨に基き、神葬祭に仕りたく、この段なし下しおかれ候よう、宜しく仰せ上げられ下さるべく候。」（松本藩廃仏事件調査報告）というのである。かくて離檀せしめることによって、廃寺せしめようというのである。ついで閏十月には、管内寺院に、「人の天地間にあるや、必ず世業あり、以て天禄を食む。ここにおいてか、素餐の罪を免れて、人分足る。もし世業なくして浮食するは、俗に謂ゆる穀潰しなるものにて、愉安浮食の臣賊、その罪最大なり。元来僧侶は、教戒を主り、且葬祭を主り、以て天職を食せしものなるに、今や教の施すなく、葬祭の典、檀家悉《ことごと》く神祭に帰すときは、一の世業なきものなり。しかるになほ愉安浮食するは、豈《あに》天地に恥ぢざらんや。よつてそれ〴〵世業を創め、浮食の罪を免れたきことにあらずや。」と達し、その還俗帰農を勧めた。その場合にも、帰農願書を提出せしめた。その様式は、「恐れながら願ひ奉る口上の覚。……今般王政復古、大いに敬神の道立てさせられ候趣、承知仕り候。仏家の儀は、異端にもこれあり、遊民にて天恩、国恩に報ひ奉る道更に御座なく、且檀家悉《ことごと》く神葬祭に相成り候上は、御一新の御政体に対し奉り、恐縮と存じ奉り候間、永年当地へ御除地頂戴の分、御上納地に仰せつけられ、従来所持の御上納地ども下し置かれ、復飾帰農仕りたく、何卒格別の御仁恤を以て、御許容なし下され候やう、懇願奉候。」(太政類典)であった。しかるに、帰農者が、比較的少なかったので、四年三月、諸宗寺院を、会所に集め、「数百の檀越、寺檀の交情を断つ。回向を頼む翁媼もなく、教導すべき門徒なければ、畢竟無用の長物なり。速かに御趣意を奉体して、蓄髪、帰農これあるに於いては、知事公も御満足、足下達も、廃寺の品々附与を蒙り候得ば、村内一二の大農者となり安心の至にや。」(信濃松本護法録)と説諭、帰農を強要した。

当時の廃仏実況を、浄土宗総代正覚院は、三年三月、増上寺へ、「旧冬より市在人民一同、神葬祭御勧めに相成り、厳重の御沙汰を蒙り、志願の有無に拘らず、一般神葬祭出願し奉り、御許容に相成り候。」「しひて帰農相願はざる寺院は、内監察つけさせられ、旧罪を以て、その者お咎仰せつけられ候様に、承知仕候。」「道傍、或ひは樹立の内に立置候石像、仏像を彫り候神仏混淆の文字これあり候分は、残らず取棄て致すべき旨お達しにつき、御管内、多分地に堀埋め、又は道傍に引き倒し、銘々仏檀、祖先の位牌等は焼捨て、或ひは川に相流し候族これあり、甚だ以て遺憾のことに候。」と報告、また曹洞宗総代霊松寺達淳は、四年四月、総持寺へ、「昨冬当藩知事殿、御葬祭御願済の上、まづ祖先の位牌を毀ち、管内の人民同一の神葬に改典致すべき旨、藩命を以て厳命せられ、別紙の通り、下案を与え願書をとり、寺院すべて無檀の為体になし、当三月に至り、毀釈の垂範と唱へ、藩威を以て厳達せられ、もし違背する輩は、追逐致すべき旨申渡し、僧徒を驚愕せしめ、別紙の通り下案を与へ、願書を出させ、いよ〳〵管内一般廃寺の沙汰に至り、寺檀一同進退これ谷り、泣血哀歎このことに御座候。」と報告して居る。

かく廃仏毀釈の諸工作を進める一方、神葬祭普及に努力して居る。元来排仏論者、主として儒教系排仏論者が、仏葬祭を排撃して、神葬祭を採用した理由の一つには、葬祭による、寺院の経済的圧迫から、民衆を解放するという目的が、潜んでいた。従って、神葬祭は、自身葬祭であり、葬祭の施行に、神職を必要としないものであった。しかし、いつしか、司祭者として、神主が登場していた。そこで、「近来神葬祭と唱へ、神職を頼み、甚だ芽出度きことのやう心得、いかがはしき所行もこれあるよし、」(太政類典)と戒飭する必要があったのである。そして自葬神葬祭普及のため、角田忠行の葬事略記を、一般に読ましめた。更に明治四年には、藩で哀敬儀を刊行頒布して居る。

そしてかかる廃仏毀釈によって、松本市内二十四箇寺の内、二十一箇寺廃寺、戸田領内浄土宗三十箇寺中、二十七箇寺廃寺、曹洞宗四十一箇寺中、二十一箇寺、真言宗、十箇寺廃寺、日蓮宗は全部廃寺、真宗は八箇寺中、一箇寺廃寺となった。何故真宗の廃寺がかく少なかったかというと、肉食妻帯の宗旨であるので、女犯はなく、また家族がいるので、還俗することが容易でなかったという、特殊事情によるのである。

閑話休題、かくの如く廃寺の断行につとめている間に、四年七月、廃藩置県の令が出で十一月十六日、松本県廃止せられたので、廃仏毀釈のことは、有耶無耶となった。ところで、松本藩の廃仏毀釈の特徴ともいうべきものは、思想的には水戸学の影響濃厚であること、方法的には、寺院を廃絶せしむることを目的とし、かかる理想を達成するため、檀家をして、自身神葬祭に転換、以て寺院より離檀せしめ、無檀の口実のもとに、僧侶を還俗帰農せしめるという、方法をとった点にある。

六

土佐藩。明治維新当時、土佐藩においては、水戸学及び平田篤胤の学風が、指導的地位にあった。従ってその廃仏毀釈は、かなり峻厳に行われた。元来土佐の寺院は、檀信徒の維持によるもの甚だ少く、小寺は格別、大寺院は、すべて藩庁からその経営費の支給を受けていた。よって、廃藩によって、寺領が廃止されるや、寺院は、直ちに経営困難に陥った。一方社寺係北山茂長達が、熱心に神仏の分離を励行、かつ仏式葬祭を、神式葬祭に改めしめた。かくて藩士は勿論、農民も神道に帰する者多く、僧侶も服飾《ママ》して、神職となるもの尠くなかった。ただ真宗寺院のみは、依然継続していた。寺院総数六百十五箇寺の内、四百三十九箇寺は廃寺となった。しかるにその後順次復興、大正九年には、二百四十五箇寺を算するに至った。

七

美濃苗木藩。藩士に、青山景通、直道の父子あり、ともに平田篤胤系の学者である。その感化により、藩主以下全藩士、挙って平田門に束脩を納め、神道を奉じていた。かかる思想的雰囲気において、苗木藩の廃仏は行われた。明治三年九月、諸宗寺院住職を呼び出し「今回王政復古につき、領内の寺院、廃寺申しつけ候。速かにお受けすべし。就ては還俗する者は、従来の寺有財産及び寺等を下され、名字帯刀を許し、村内里正の上席たるべし。」(荊棘録)と達した。そこで、臨済、曹洞、天台、日蓮、修験等、都合十八箇寺が、廃寺となり、それら寺院の僧侶は、霊林寺の剛宗を除く他は、同時に還俗した。剛宗のみは、還俗せず、藩主遠山家歴代の位牌、仏具を貰い受け、下総の法界寺へ退居した。九月二十七日には、苗木藩より弁官宛、「苗木藩神葬祭施行につき、寺院を廃す。」(太政類典)の届が出て居る。寺院のみならず、阿弥陀、観音、地蔵、薬師等の小堂は毀たれた。また藩より仏像、仏具を所有すべからず、もし所有する者は、罪科に申し付くとの達により、寺院及び檀家の所有していた仏像、仏具等は、或いは破毀、或いは焼却、或は没収され終った。廃仏毀釈の直後、ここを旅行した坂上宗詮は、その途上、「路傍にありし六字名号の立石、及び供養塔は倒されて、小溝の橋に架用せられ、往来の人をして、踏んで行かしむるを怪まず。」「路傍の千体地蔵堂は堅く閉鎖せられ、石像その他念仏等の石碑は、悉《ことごと》く押し倒されて、その狼藉の状言ふに忍び」ざる状態であったとして居る。また茶店の老婆から、「この苗木領には、庄屋よりの達しに、仏檀を破壊して谷川に捨てよ、仏像、仏具を焼き捨てよ、とのことなり。吾等は真宗の門徒なり。この際如来様の御真影なりとも、大切に致したし云々」と、相談を受けたることを記して居る。更に、途中で会った土地の人が、「この坊主いまだ還俗せず、いずれの地に行くものにや。」とささやき合って、通り過ぎ、更に甚しきは、「こりや坊主。」（荊棘録）など、罵る者もあったと記して居る。苗木藩は小藩ではあるが、その深酷さにおいて、他に類例を見ない。

八

富山藩。明治三年閏十月二十七日、藩の大参事林太仲は、吏員を、藩内の諸寺院に派し「この度万機厳律の御布告これあり。追々時勢転変の秋、郡市諸蘭若、すべて一派一寺に御改正これあり候条、迅速合寺これあるべく候。……もし違背に及び候はば、正規の厳科に処せらるべく候なり。」と令達、同時に、一本一寺を指定して申し渡した。当時富山藩の寺院は、総数千六百三十余箇寺、内訳すれば、「浄土宗十七箇寺、天台宗二箇寺、真言宗四十二箇寺、臨済宗二十二箇寺、曹洞宗二百箇寺、真宗千三百三十余箇寺、日蓮宗三十二箇寺、」（越智専明氏所蔵記録）であった。それを僅か八箇寺に限ったのである。しかも、「閏十月十八日、僅かに一日間に、合併申渡され、妻子の居処これなく、生活の道を失ひ居り候。」（太政類典）と言える如く、僅か一日で、移転完了すべしとの厳令であった。電光石火、諸寺院の意表に出たのである。同時に、兵を要所に伏せ、各宗本山、及び檀越との連絡を断ち、抵抗する者あらば、打ち殺すべしと威嚇、兵卒に、大砲を引かせて、市中を昼夜巡回せしめた。戦々兢々裡に、合寺は、見事に実行された。すでに二十八日、法華宗大法寺より、「配下の寺院、郡市とも残らず、今晩当寺より合寺せしめ候ひ畢んぬ。なほまた従来の伽藍及び梵鐘、金仏具はそのまま差上げ奉り候旨、各寺同意し奉り候」の届出があった。梵鐘、仏像、仏具等の金属類は、富山城二の丸に輸送、堆積することと山の如くであった。鋳潰して鉄砲製造の材料に供せんとしたのである。ついで浄土真宗正竜寺趾に、新設したる鋳造工場に運び、その作業にかかった。その時、「善男善女門前市をなし、金仏等の溶炉に投げられ、焼爛するを瞑目し、閉眼合掌して、念仏称名を唱へ、愁歎する者多し。」であったと、言われて居る。合寺後、立置寺院においても、鐘鼓の使用は、禁止されていたので、大法寺より再三願い出で、看経の時に限り、鐘鼓の使用を許された。十一月十日、立置寺院の後任撰任について、達があった、仏道鍛錬の士を選ぶべきことが、規定されて居る。稀薄ではあるが、富山藩の廃仏毀釈にも、改良的傾向があるには、あったのである。その後合寺方針緩和方を、しばしば陳述したが、許されなかった。明治三年十二月、真宗法琳寺住職渡辺法秀、慨歎措く能わず、雪を冒して出京、富山藩合寺の苛酷さを詳細陳情、その撤廃方を要請した。各宗本山においても、事態容易ならずとして、実情を調査、かつ藩庁に抗議せしめた。かくて四年五月に至り、太政官は、富山藩に、「先般その藩において、各宗寺院合併に及び候については、頗る下情怨屈の趣相聞え、不都合のことにつき、更に穏当の処置方取調べ、伺ひ出づべく候こと。」と令した。それに対して、富山藩は、「寺院合併半年余日にも相成り、引払ひの寺院跡は、堂守等残らず取毀ち、地内は開拓等に取りかかり居り候へば、更に前の如く分別仕候ては、入費等も少からず、且先般以来寺院寮へも申出で候通り、合併後は僧侶苦情に到り候はざるよう、精誠処置も仕りたく候ところ、……一向宗僧侶の儀は、家族もこれあり候につき、合併中にも別段の見込相立て、追て伺ひ奉るべく候へども、各宗とも合併の儀は、幾重にもそのまま差置きたく、この段伺ひ奉り候。」（富山藩合寺之顛末）と、伺書を提出した。しかし五年七月、各宗の代表者は、教部省に宛てて、復旧方願い出たのに対し、十月二十七日、檀家七十戸以上を有する寺院に限り、復旧を認められた。九年二月、更に檀家七十戸以下の寺院も、復旧を許され、漸次復興の運に向った。

第三章　封建的領有地の整理

一

神仏分離によって、神社における仏教的諸要素は、撤却され、社僧は復飾させられた。また寺院か、神社か、帰属分明ならざるものは、神社とされた、それを契機として、全国各地を襲った廃仏毀釈の大暴風雨によって、数万の寺院、仏堂等を廃毀され、それに伴い多数の僧侶は、還俗帰農を余儀なくされた。江戸時代、懸案とされた寺院、僧侶の全面的大整理は、一応ここに成就された。かくて次に問題とされたのは、封建的領有地整理の一翼としての、寺院領整理である。

まず神仏分離、廃仏毀釈断行の過程において、諸府藩県は、寺院領を、いかに処置しつつあったであろうか。その跡地処分については、まだ一般的原則はなかったようである。従って種々の方法が行われた。廃合寺院の跡地は、或いは府藩県が没収し、或いは士族、僧侶の帰農者に下附、払下げされ、又は、一般人民に払下げて、耕作開墾させた場合もあった。

政府は、廃仏毀釈が全く鎮静した、明治八年七月、廃合社寺跡地処分について、一般的規則を発布、ついで九月、内務省達をもって、「廃合寺院跡 幷《ならびに》 建物処分の規則」が発布された。その中に、廃寺、無檀、無住の場合は、第一、境内地の内、これまで人民の名受であって、貢租を納めてきたものは、その名受人に下げ渡し、同じく寺院の名受けか、先住僧侶の買得か、その他民有の確証のないものは、すべて官没する。第二、朱黒印地、除地、田畑、山林等の内、寺院の名受地は勿論、村方百姓等の田畑等、寺院の名受けとなったか、または先住僧侶の購求したものは官没、ただし、寺院ならびに先住僧侶の資金を以て、閉墾したる証跡あるものといえども、官没する。第三、人民寄附の田畑、貢祖、作徳とも、該寺において処務してきたものは、即ち寺院の地面故官没、しかし寄附人の子孫再びその所有を欲すれば、相当代を以て払下げる。ただし寄附の次第により、別段の契約があれば、この限りでない、とされた。また、廃寺、有住、無檀の場合は、第一、現住僧侶個人の財産にかかるものは、その所有を認め、それ以外は、前記第一節及び後出第四節に準ずる。第二、堂宇、建物、住僧の私造物は、その者へ下げ渡す。第三、境内地、住僧の買得は、その者へ下げ渡す。第四、田畑、山林、住僧の資金で買得し、または開墾したるものは、その者へ下げ渡す、とされて居る。

二

かくの如く、廃絶寺院の寺領は、処置された。ところで問題となるのは、依然存在を許された寺院の寺領、朱印地、黒印地はどうなったか。それは新政府の、封建的領有地整理と、関聯させて理解するのが、正しい方法である。

新政府は、封建的領有地を削減し、没収せんとして、まず万石以下の領主に対して、村高帳の提出を命じ、また各藩に対しては、判物の上進を命じた。その時社寺領は、それと同じ取扱を受けた。また新政府は、諸大名の土地人民支配権を取上げた。ほぼ前後して、社寺が、その所領に対してもっていた土地、人民支配権は没収された。即ち「諸国寺院の領地、従来守護不入と相唱へ候分、政務等自ら取行ひ、今以て府藩県の所轄に相成らざるもこれある趣相聞え候間、右等の寺院相調べ、早々申し出づべき旨云々。」の布告、及び「各藩領内にある社寺、勅祭の神社、勅願の寺院とも、すべて人民支配の儀は、府藩県をして一様に指揮せしめる、」の布告がそれである。かくて、社寺が、その領地に対して有していた、重要な行政的権限は、すべて府藩県において、取扱わるることとなり、残されたのは大名領地の場合と同じく、ただ租税徴収権のみとなった。それとて、年々府藩県の定めた標準によることとなり、しかも正租以外の雑税においては、寺領の特権は、全く無視された。かくの如く、明治二年までの御朱印寺領は、一般大名領地と同様、次第に、その行政権を奪われて行った。

明治二年正月、薩長土肥の四藩主連署上表して、各領地の奉還を乞い、ついで同年六、七月頃、諸大名相ついで領地を奉還したため、これと同性質の御朱印寺領の処分が、やかましく論議さるるに至った。しかも奉還された藩領を整理するに当って、未だ奉還せざる社寺領の存在は、整理の進捗を妨げること尠くなかったので、社寺領上地の意見がいよいよ有力となって来た。かくてその後、当局において慎重審議の結果、発布されたのが上地令である。

明治四年正月五日、上知命令は発せられた。「諸国社寺由緒の有無に拘らず、朱印、除地等、従前の通り下し置かれ候処、各藩版籍奉還の末、社寺のみ土地人民私有の姿に相成り、不相当のことにつき、今度社寺領現在の境内を除くの外、一般上地仰せつけらる。追て相当の禄制定められ、更に廩米を以て下賜すべきこと。ただし当午年収納は従前の通り下され候こと。」と。

なおこの上地令には、二つの命令がついて居る。「第一、領地の外に幕府并《ならびに》旧領主等より米金寄附の分、旧慣により、当午年まで下され候向もこれあり候処、来未年より止められ候こと。ただし、家禄の内を以て寄附致し候儀は、別段のこと。第二、土地の田畑、百姓の持地にてはこれなく、社寺にて直作、或いは小作に預これある分、年貢諸役百姓並相勤むるに於いては、従前の通り、社寺にて所持致すとも、苦しからず候こと。」が、それである。第一の附帯命令によって、かの版籍奉還の際、なお没収を免れた黒印地も、徹底的上地せしめられたのである。しかし旧藩主の中には、その後といえども、なお家禄の一部を割いて、社寺に寄与するもの尠くなかった。しかしそれも、明治七年十一月、百石以上の家禄が奉還を許され、金禄公債に改められて後は、全く廃止されたものの如くである。

三

かくて社寺領は上地された。そして旧社寺領の地租収納事務は、一先ず府藩県の管轄となり、同年六月十七日には、布告を以て、社寺の禄制が定められ、地方庁から廩米を給することとなったが、その実施は、容易なことではなかった。かくて政府は、同七月九日の布告を以て、明治四年度には、それぞれ半額を、各社寺に支給することに定め、ついで五、六年度分も、「調べ方御都合の次第もこれあり。」との理由で、また半額を支給することとした。これがいわゆる半租給与と称せらるるものである、何故に、半租給与を、三年間も続くる必要があったか。

それは、上述せる政府の言明によっても明らかである如く、複雑なる社寺領の性質を吟味、適正なる禄制を定めるために、必要な期間であったのである。

明治七年九月三日、政府は逓減禄々制を公布した。即ち「社寺朱黒印、除地、上地につき、一般禄制相定め候まで、現収納五分通支給致し、追て過不足正算の筈に候処、論議の次第これあり、これまで相渡し候分は、そのままこれを賜り、……朱黒印、除地とも、旧草高壱石につき、平均弐分五厘の制を以て、現米に計算し、その半数を更に社寺禄とし、別紙凡例の通り、本年より十箇年間、逓減を以て下賜候条、この旨社寺へ布告すべきこと。」というのである。それは現収高を四分の一の高に直し、その二分の一を、社寺禄として、初年度に給し、次年度の翌八年からは、その十分の一ずつを減じ、漸次逓減、十年目には、十分の一、十一年目、即ち明治十七年には、社寺禄を全廃するという、禄制である。今「社寺禄逓減給与凡例」を示せば、「朱黒印、除地。一、旧草高百石、免二ツ五分、現米弐拾五石、此半数現米拾二石五斗。米拾二石五斗、初年。米拾一石二斗五升、二年。米拾石、三年。米八石七斗五升、四年。米七石五斗、五年。米六石二斗五升、六年。米五石、七年。米三石七斗五升、八年。米二石五斗、九年。米一石二斗五升、十年。ただし十一年目より悉皆廃止のこと。」である。上知令によって知るる如く、諸大名の寄附、安堵にかかる黒印地は、原則として政府の半租給与、及び逓減禄の恩典に浴しなかったが、黒印地の中でも、高外黒印地は、普通の黒印地と成立の由来を異にし、全く朱印地同様であったので、恩典に浴し得た。なお注意すべきことは、逓減禄制実施に際し、当然のことではあるが、江戸幕府と密接な関係をもっていた寺院、たとえば江戸寛永寺、麟祥院、日光輪王寺、三河鳳来寺、大樹寺等は、かなり冷遇されたものの如くである。

逓減禄の給与は、最初一年のみ米で支給されたが、翌八年から、米禄を廃止、金禄に改定、支給さるるに至った。

第四章　思想善導機関への改組

一

明治元年三月に発布された神仏分離令を契機として、全国に廃仏毀釈の嵐が吹きまくった。勿論政府部内に廃仏毀釈的意見をもつ者はあったが、それは個人的、局部的のことで政府の方針は、決して廃仏毀釈ではなかった。以下そのことを示す、法令の二、三を摘記してみる。

第一、明治元年四月十日太政官布告。神仏分離実施に際し、神主の行動ともすれば、法令の圏外に逸脱するを戒め、「旧来社人僧侶相善からず、氷炭の如く候につき、今日に至り、社人ども俄かに権威を得、陽に御趣意と称し、実は私憤を霽《はら》し候様の所業出来候ては、御政道の妨げを生じ候のみならず、紛擾を引起すべきは勿論に候。」としている。

第二、明治元年六月二十二日太政官達。神仏分離令の発布が、東北征伐の直前であったので、会津地方において、政府の趣意は、廃仏、特に浄土真宗廃絶、にありと宣伝する者があった。かかる方法によって、浄土真宗信者に働きかけ、それを味方に引き入れんと策したのである。よってこの日政府は、「先般神祇官御再興、神仏判然の御処分あらせられ候は、……今更宗門を褒貶せらるるにあらず。しかるに賊徒訛言を以て、廃仏毀釈これつとむなど申し触らし、下民を煽惑動揺せしむる由、……則ち宗門の法敵とも謂つべし。よつて教旨説諭、便宜を以て民心安堵、方向相定め作業相励み申すべきよう、門末教育致すべき旨御沙汰候こと。」と言明、民心安堵方を依嘱して居る。

第三、明治元年九月十八日太政官布告。僧侶にして、みだりに還俗を願い、蓄髪するを不可なりとし、「神仏混淆致さざるやう、先達御布令これあり候へども、破仏の御趣意には決してこれなきところ、僧分に於いて、みだりに復飾の儀願出で候もの、往々にこれあり、不謂ことに候。もしも他の技芸これあり、国家に益する儀にて、還俗致したきことに候へば、その能御取調の上、御聞届もこれあるべく候へども、仏門にて蓄髪致し候儀は、相成らず候間、心得違ひこれなきやう、御沙汰候こと。」と、令した。即ち破仏の趣旨には決してこれなし、として居るのである。

第四、かかる政府の宣言にもかかわらず、各地の廃仏毀釈は、依然続行され、還俗する者相継いだ。よって知恩院は、伊勢山田辺僧侶の帰俗、廃寺多きにより愁訴したところ、明治二年五月政府は、「決して廃仏廃寺の御趣意あらせられず候条、宗門の寺院に申渡す」（越智専明氏所蔵記録）べしと諭した。また越後あたりにおいては、「廃仏御所為これある故、仏罰頻りに至り、気候不順災害少からず、または仏法を廃棄し、洋教を施行遊ばされ候御趣意故、死を以て仏恩を報ずべきは今日にあり。」等と、流言する者があった。その時政府は、「跡形もなき義を申触し、愚俗を誑惑し、政道を妨礙」（越後府書類）するもの、厳重罰すべし、としている。

二

幕府は、すでに倒れ、佐幕派の諸侯も、踵を接して、新政府に恭順の意を表した。しかし封建制はそのまま残存、各藩は依然割拠状態であった。従って新政府の基礎は、まだ脆弱である。かくて廃仏毀釈断行の意志はなく、また廃仏毀釈実施による、人心の不安を懸念しつつも、それに対して傍観的態度をとることを、余儀なくされた。即ち地方における廃寺処分伺に対し、「すべて人心動揺致さざるやう取計ふこと。」「故障これなく候はば苦しからず。」等の附箋付で、許可せざるを得なかった。その頃但馬出石藩は、予め政府の諒解を得て、寺院併合を断行した。明治三年三月十八日、但馬出石藩の廃仏に関し、知恩院より、京都留守官に、歎願書が提出された。よって太政官においては、早速出石藩に尋問に及んだところ、出石藩の答申は、「寺院合併の儀は、かねて伺ひ奉り候節、故障これなく候はば、苦しからざる趣、御沙汰を蒙り候につき、合併の儀には、藩治並びに宗門に於いて、故障の筋これなく、又民情にも差障りこれなきにつき、まづ以て別紙の通り、小院貧寺の合併申しつけ、……候。しかるに、猶予願等差出し候者これあり候へども、右聞届け居り候へば、銘々勝手申出で、時日遷延、時機を失し、変革も仕り難く、合併の儀は、窮民の一害を除き、堂塔無用の冗費を除き、下民のため筋と存じ込み候につき、右の通取計ひ候儀に御座候。」であった。円滑な表現ではあるが、私どもは、その中に、政府の宗教政策に対する批判を、見出すことが出来るであろう。しかも、政府は、この答申を以て、「趣意柄いかにも尤ものもの、」（太政類典）としている。

三

宗教政策は矛盾にみち、首尾一貫して居らぬ。かかる間隙に乗ずる如く、廃仏毀釈は、益々熾烈を極める。寺院、僧侶は焦慮せざるを得ず、政府に対する陳情相継いだ、中にも本願寺の活動は、注目すべきものがあった。即ち明治三年八月、本願寺は、島地黙雷、大洲鉄然を上京建議せしめた。その要旨は、次の如くである。江戸時代には、寺社奉行を置いて、神官、僧侶を統轄せしめた。しかるに現在、神職、祠官は、神祇官を以て統轄せしめているにかかわらず、寺院、僧侶は、単に民部省内で取扱わせ、特別の官衙を設けていないのは、制を得ざるの甚しきものである、というのである。政府においても、寺院関係事務輻輳に対処、八月九日、民部省内に、社寺掛を設置した際でもあるので、この建議を容れ、閏十月、民部省に寺院寮を設置することとした。かかる経緯を経て、新設された寺院寮においては、一体何がなされたか。十二月二十四日には、「今般寺院寮置かる、追々御改正筋仰せ出され候条、各管区において区々の処置致すまじきこと、ただし無檀無縁の寺院合併等、自今本寺、法類、寺檀とも故障有無詳細相糺し、調べ書を以て伺出づべきこと。」と、統一的な宗教政策の実施を宣言、併せて寺院廃合について、慎重な態度をとることを達した。ついで二十六日には、「近世寺院の宗規日々紊乱して、本寺、本山と唱ふるもの、或は積徳持戒の念慮なく、門地尊大に押移り、随て末派の僧侶に至り、糊口安逸を貪るのみならず、甚しきは政教を害する徒これあるの趣、今般寺院寮設けられ、宗規僧風を御釐正相成り候条、今後銘々自反僧律を守り、文明維新の御趣意を奉体致すべく仰せ出され候こと。」（憲法類典）と、僧風粛正の決意あることを示した。これは単に、一片の法令として終ったのでなく、そのまま実践されたことは、多くの実例がこれを証して居る。ただし煩雑に過ぎるので、ここには省略して置く。これを要するに、寺院寮設置を契機として、政府の対寺院、僧侶政策は、一応軌道に乗ったと見て、宜しいと思う。

四

明治四年七月十四日、政府は、藩を廃して、県を置き、かつ藩知事をとどめた。ここに封建制は、いよいよ終末を告げ、新政府の基礎は、著しく強化されるに至った。かくて政府は、その思想善導機関を拡充、民衆に、政府の意図を徹底させる必要がある。そのことはヤソ教の進出によって、一層の緊要さを加え、かつ複雑微妙なものとなった。そこでまずヤソ教進出の実況を述べてみる。

幕末、長崎居留地には、金色の十字架輝くローマ教会が建設された。慶応元年三月十七日のこと、このローマ教会に、不意に浦上の潜伏キリシタンがあらわれ、公然ヤソ教徒なる旨を告白した。この報に驚愕した幕府は、直にその処置を講ぜんとしたが、着手するに及ばずして、瓦解を余儀なくされ、王政復古となった。新政府の方針は、江戸幕府の方針をそのまま、ヤソ教の厳禁にあった。よって明治元年閏四月十七日、木戸孝允を長崎に派遣、信徒三千五百名を加賀、薩摩、尾張等の三十四藩に分置、その改宗を計った。信徒等はさまざまの拷問を受けた。しかし彼等は、「お役人よ、日本の神道に従ひ高天原に行け、と仰せらるれど、我等は天の真の神を信じ、パラジウス即ち天国へ行くを望むの外なし。我等はその神を棄つること能はず。我等の命をとらんとならば取り給へ、それは我等の少しも憂ふるところにあらず。我等の救主イエスキリストは、我等のため十字架上に死し給へり。お役人よ、疾く我等を殺し給へ。」（山口公教史）と、従容死に就くことをもとめた、と言われて居る。ところで、信徒禁獄のことが、外国側に知れ、フランスその他諸国公使は、囚徒の解放を要求した。政府としては、開国の国是に立ち、諸外国の要求を、無下に斥けることは出来ぬ。遂に明治三年三月に至って、囚徒を放免して、帰郷するを許したばかりでなく、金を与えて、田地又び家屋修覆の料に供せしめた。かくて浦上ヤソ教徒問題が解決するや、待機の姿勢にあった外国宣教師は、一斉に活動を開始した。明治五年三月、横浜居留地において、十一名の会員を以て、最初のキリスト新教会が設立された。また当時、開国進取の風潮とともに、英語研究がさかんとなり、諸学校に、外人教師が招聘されたが、彼等の多くは宣教師であった。明治二年に、十三名に過ぎなかった外人宣教師は、六年には、五十五名となって居る。一方ヤソ教関係の書籍は、「近時洋教の書類和解致し、追々世上へ流布致し候趣に御座候。」（江東雑筆）と、次々に、日本語に飜訳刊行された。進んで、「近ごろ出す小冊に、聖書五常撮要、聖書五倫撮要と題し、両約（新旧）書中にて、文句を拾い得て、五倫五常に牽強付会したるものあり。」（護国新論）の如く、国民道徳との調和を計った書籍も、すでに編述されていた。かかるヤソ教の進出に対し、国民の関心はどうであったか。文明開化と結びついて登場したヤソ教である。進歩的青年層の支持を受けた。その程度は、保守主義者をして、「ああ洋教すきまを窺ふこと、ここに年あり。開港爾来、衆庶殆んど洋風に酔ひ、利に奔りて仁を喪ひ、欲に走つて義を亡ぼす。皇俗衽を左にせんとす。」（江東雑筆）と、歎ぜしめた程であった。青年官吏にも、それを支持する者があらわれ、「官員過半洋風に転転せられ、ひたすら英国を師範に致し居り候へば、ややもすれば儒仏不用の説申し立て、」たのであった。しかし識者は、依然ヤソ教を危険視していた。とは言え、外交政策上、これを直接弾圧することは出来ぬ。そこに対ヤソ教問題として、国民思想善導方策の確立が必要とされたのである。しかも既存の、神祇省を中心とする思想善導機構の活動は、不活溌で、「神祇省等より宣教師列国へ巡回候て、種々宣教候へども、十人に一人も仏号称名相止め、神号相唱へ候者これなく、これにより神葬自葬等相勧め候ても、と角不一致、」（奕堂禅師附書翰集）という状態であった。かくて、思想善導機構の、拡大強化が意図され、教部省が誕生することとなった。

五

明治五年三月十四日、教部省が設置された。それは、主としては、政府部内における、思想善導機構強化に対する要望によって生れ出たものである。即ち、四年十月、右院が、寺院省設置を建議した。その要旨は、「人の一念を固めたるは、政令刑法のよく移すべきにあらざることは、古来聖哲の論にも判然仕り居り候処、前文邪宗の儀は、謂ゆる教化の然らしむるところにして、彼の一念に深く侵入するものなれば、これを防ぐにも、亦《また》教化を以てするにあらざれば、恐らくは能くすべからず、もしこのままにてこれを閣かば、仏の廃滅するに従って、ヤソ教は次第に盛んに相成り、共和政治の論起るに至らんことも、知るべからざることなり。よって宣教使も担当、仏徒も尽力これあり度」というのである。ついで十二月、寺院省という仮称を、教部省と改め、その設置を建議して居る。その建議には、神儒仏三教とも、各教正を置いて、生徒を教育し、以て人民の善導に当らしめたき旨、が記されて居る。寺院のもつ教化価値の、かかる再認識過程は、注目に値いすると思う。

いよいよ、教部省が設立さるることとなり、その設立及び組織に努力したのは、当時文部省大輔兼制度局御用係であった江藤新平である。彼は教部省御用係を兼任、教部卿嵯峨実愛等と、思想善導方策の大綱を定め、また教部省所管の範囲を定めた。即ち上奏制可を経て、処分すべき事項として、「従前の教則を改正し、または新たにこれを制定すること。」「教派を改め、または社号、宗名を変更すること。」「社寺廃立、祠官、僧侶官位のこと、社寺の例格を改正すること等」、上奏制可を経ずして、専任処置し得る事項として、「教則に照準して処置すること。」「教義上の訴訟を判ずること。」「教義に関する著書を免許すること。」「祠官を置き、僧尼を度すること。」「教徒を集会し、教義を講究すること。」「教義を講じ、講社を結ぶ者に、免許を与ふること等。」を決定した。そして教部省の設置によって、神祇省の所管事項の中、祝典関係はすべて式部寮に、宣教関係はすべて教部省に、移管されることとなった。

六

明治五年四月二十五日、教部省管轄の下に、教導職十四級の制が設けられ、国民教化の大運動が開始されることとなった。十四級とは、正権大中少教正、正権大中少講義、正権訓導である。この職制が制定さるるや、直に神官、僧侶中の有力者を以て、これに任じた。その最初に任命されたのは、神道側においては、神宮祭主近衛忠房、出雲大宮司千家尊福等、仏教側においては、東本願寺光勝、本願寺光尊、専修寺円提、錦織寺賢慈以下の本寺住職、すべて二十五人の権少教正であった。更に従来社寺に無関係であった藩主、公卿等も、新たに神社に奉仕することによって、教正に任ぜられて居る。以上は教導職十四級の中、教部省の直接任命にかかる六級以上の者であるが、その他各管長の推薦による、七級以下の者もあった。明治五年八月五日には、全国神官挙げて教導職たるべき規定の実施を見、ついで七年七月には、教導職試補以上の者にあらざれば、寺院住職たることを得ずとされ、更に九年十二月には、僧尼たり得ずとされた。明治七年の教部省上表によれば、教導職の総数、七千二百四十七人、中、僧侶三千四十七人、更に僧侶を内訳すれば、真宗七二八、浄土宗六三三、曹洞宗四五九、真言宗四四九等であった。これらの教導職は、各宗管長によって統率された。ここで管長制について一言して置く。明治五年十月、政府は天台、真言、浄土、禅、真宗、日蓮、時宗の七宗のみを公認、管長を置いた。自余の宗派は七宗に分属せしめたのである。ところが種々の無理を生じたので、七年六月、各宗派に一管長を置くこととしたのである。

七

明治五年五月、諸宗合同の研究、教育機関として、大教院設立が許可された。これより先、教導職に任命された諸宗寺院住職が、大教院を設立し、諸宗合同して、研究に精進せんことを願い出たのを、許可されたのである。六月には、教院取調掛が設けられた。大教院の敷地は、はじめ増上寺の本堂を充つるよう、同宗僧侶の申し出があったが、一山内に反対があったので中止、麴町六丁目紀州侯邸趾を選定、その工事を進めた。この月諸宗管長会議の上、大教院の竣成まで、暫く仮教院を設くることとした。この時定められた学科目は皇学、仏学、漢学、洋学の四課で、毎日開講、各宗管長を始め、各宗の住職、生徒を出席せしめる申し合せであった。かくて八月二日には、仮教院を金地院と決定、二十七日より開講して居る。開講課目は、皇学では古事記、漢学では大学、洋学では、西洋起国大意、仏学では梵網経等であった。十一月二十六日、大教院竣成、六年正月八日、開院式が行われた。はじめ大教院は、諸宗合同の研究機関であったが、この頃から教部省の意向に従って、神道教導職もこれは参加、神仏合同の教育機関となった。ついで神道的色彩が漸次濃厚となった。大教院開院式には、祭典は全部神式で、まず近衛大教正の祝詞があげられ、次に神下の儀を、有馬権大教正代理本庄中教正が、神上の儀を、大谷大教正が行い、最後に、三条教則を、鴻中教正が読み上げて居る。麹町の大教院は、真宗に対する反感から間もなく中止、二月、増上寺に移転した。ここでも、院内に神殿を建て、増上寺山門前には、白木の鳥居が設けられ、各宗管長は、紫緋の法衣の袖を連ねて、烏帽子、直垂の神官の後に随い、神前に拍手を打つ狂態を演じた。しかし、教部省の支持、神道教導職の参加によって、大教院は、教部省思想善導機関の総本山格となった。またここには、中教院より推薦した優秀なる学生を収容、学術、布教の研究をさせた。大教院の取扱事項は、教義講究、教書編輯、教職精選、教徒学課、教社得失等であった。

中教院は、各府県に設けられたもので、それぞれ管内の小教院を統轄、また教導職新補昇級試験施行の任に当った。つまり府県における、思想善導の中心機関であったのである。ただし地方においては、神仏諸宗派合同の、容易でなかった所も少くなかったが、かかる地方においては、合議所を代置させたところもあった。

小教院は、全国の諸社寺を、すべてそれに充当した。しかし最初は、未だ小教院の名称はなく、ただ便宜上、最寄の社寺を説教場に用い、場合によっては、民屋を以て代用したこともあった。しかるに五年八月、神官は、すべて教導職を兼任することとなり、それとともに、各神社は小教院となった。ついで同年十一月、各宗寺院を以て、小教院とすることとなった。また教導職の申請によっては、小教院の新設も、許可された。更に教会、講社も、教院と同一の意義をもたせられた。かくてそれら諸種の教院を合すれば、十数万の教院が、全国の隅々にまで、設置され、民衆の思想善導に努力することとなった。

八

皇道宣布の根本聖典は、三条教則、十一兼題、及び十七兼題である。三条教則は、旧神祇省の制定にかかるもので、「敬神愛国の旨を体すべきこと。」「天理人道を明らかにすべきこと。」「皇上を奉戴し、朝旨を遵守せしむべきこと。」である。明治維新の意義を、平易に理解せしめんとする政治的意図が見える。ただし、多分に道徳的であり、精神主義的である。十一兼題と十七兼題とは、明治六年に新たに制定されたものである。十一兼題は、「神徳皇恩、人魂不死、天神造化、顕幽分界、愛国、神祭、鎮魂、君臣、父子、夫婦、大祓、」である。三条教則の内容を、敷演したものである。十七兼題は、「皇国国体、皇政一新、道不可変、制可随時、人異禽獣、不可不教、不可不学、外国交際、権利義務、役心役形、政体各種、文明開化、律法沿革、国治民法、富国強兵、租税賦役、産物制物、」である。十一兼題に比し、多分に、公民教育的色彩があらわれて居る。急激なる時勢の推移と、教導方針の新展開を、観取することが出来る。それらは教導の中心をなすものであるので、また教導職の試験課目であった。明治七年七月、教導職試場課程には、「第一試、三条教則講義。第二試、探題講義、十七説の内。第三試、探題説教、十七説の内。第四試、詔勅公布類対問。」とある。十七兼題が、重視されていたことを知り得る。しかし教院の教育において、かかる公民教育に就いての、有能なる人材を練成することは、果して可能であったか。今大教院の学課表をみてみる。

下等	下級	神国略述頌	原人論	四書	スペリング	
	中級	国史略	法運通塞志	五経或小学	リードル	（以上素読）
	上級	皇朝史略	闢邪集	文章規範	ジヨグラヒー	
中等	下級	日本政記	倶舎論	綱鑑易知録	ユニボルサルヒストリー	
	上級	古語拾遺或万葉集	成唯識論	論孟	ナチラルヒロソヒー	

上等	下級	六国史	起信論	資治通鑑	ポリチカアール
	中級	大日本史	楞厳経	春秋左氏伝	ホレイバイブル
	上級	二記	法華経	詩書易	ツランスレイション（以上講義）

とある。かかる課目によっては、神儒仏の三教、及び洋学の初歩は、学び得たとしても、十七兼題の意図する如き、新時代への公民教育を担当する人物の養成は、困難であったと見ねばならぬ。従って、過渡的な思想対策として、また神官、僧侶の再教育機関としての意義は認めても、それ以上に、評価することは出来ぬ。新しい酒は、新しい器に盛られなければならぬ。教導の中心が、漸次学校教育に移って行ったこと、また宜なる哉である。

九

私は、教導職はその制度から見て、政府の意図をそのままに、国民を再教育することは不可能であることを、指摘した。次に寺院僧侶の側からみてみる。そこにも、致命的欠陥がある。彼等は無給の名誉職である。にもかかわらず、その自由は著しく拘束され、三条教則の講説を行う以外、布教をやることを許されなかった。そこにさまざまの問題が起った。明治五年十一月、説教取締に関する法令が出て居るが、その中に、「僧侶の内、説教には、公席にて、三条を略し解き、私席に於いて、説法、談義、法談と唱へて、専ら宗意のみを弁じ、三条に悖戻する少からざるやの趣、」「僧侶、従来、神は仏の化身、仏は神の本体と固執し、……敬神の諭し方実着に相成らざるのみならず、大いに神体を汚し、以ての外のことに候。」と見えて居る。そしてかかる違犯の実例は枚挙に遑《いとま》ない位である。かかる窮屈な伝道に慊《あきた》らず、真宗を先頭とする、大教院分離運動が起った。本願寺はなかんずく最も熱心であった。この派に属する島地黙雷は、洋行中、最も熱心に大教院分離を唱え、三条教則の政教混淆と、信仰の自由を論じ、六年七月帰朝後は、東西本願寺、高田専修寺等を糾合して、重ねて建議した。しかし同じ仏教諸宗中にあっても、分離反対のものもあり、容易に決定しなかった。今仏教側の分離意見を、大谷光尊、光勝等の名を以て上れる建白書に、ついてみる。「今日に至りては、神道幷《なら》びに七宗の説教場の如く相成り、教義混乱、民心疑惑の弊もこれあるべきやに存じ候。……教法の不可混は教法の常なり。その不可同を同ずるは、これ真に協和する所以か。謂ゆる不可同は教法なり、可同は三条の教憲なり。ともに可奉は本省の規則、ともに行ひ難きは教院の事務なり。しかれば各々その実義を務め、協和の実を失はず、並行して相悖らざるやう致し候はば、維持裨益の実、相挙り申すべくと存じ候につき、真宗五派の義は、大教院にかかはらず布教尽力致したし」と、いうのである。最後に政府の側についてみる。教部省設置の直接理由は、ヤソ教の進出を阻止する点にあった。しかし外国との親善を、重要なる国是とし、一面欧米文化を謳歌する声、日一日と高まり行く実情において、独りヤソ教のみを禁止することは、不可能である。

たまたま岩倉具視一行が、欧米巡遊の途次、米国に赴くや、日本においては、未だヤソ教禁止の制札を掲げて居ることを、難詰せられ、遂に六年二月、政府は禁［欠字］撤去の通牒を発するに至った。また十七兼題において、政府は公民教育を意図して居るが、それは事実上困難であり、学校教育に期待する外なくなって居る。それらの事情によって、政府が教部省の存在を必要とする理由は消滅した。かくて明治八年四月三十日、「神仏各宗合併、教院相立て、布教候儀、差止められ候条、自今各自布教致すべし。この旨教導職へ相達すべく候こと。」と達せられて、まず大教院が解散された。ついで十年一月、教部省廃止、十五年一月、神官の教導職兼務廃止、十七年八月、神仏教導職全廃となった。

第五章　陣容の再整備過程

一

信仰自由運動の先頭に立って、活躍したのは真宗であった。明治五年に、本派本願寺は、梅上沢融、島地黙雷、赤松連城等を、大谷派本願寺は、法主光瑩、石川舜台等を、欧洲に派遣した。彼等は、具さに彼地の宗教及び教育の実状を視察研究、帰朝後仏教界の先頭に立ち、世界宗教界の大勢に立脚して、わが国の宗教政策の誤謬であることを指摘し、当局者にその是正を要望した。中にも島地黙雷の活躍は注目に値する。彼は逸早く五年十月、旅行先より、大教院分離建白書という一書を、教部省に送ったが、その中で、三条の教憲を非難し、信仰の自由を絶叫して居る。六年七月帰朝するや、再三再四、教部省を訪ね、神仏各立、神官、僧侶は、各々独自の教理信条の立場から、国民を教化すべきこと、大教院分離すべきこと、信仰自由を認むべきこと、を強調した。

かかる信仰自由運動に対して、仏教内部においても、保守的な諸宗派は反対していた位であるから、当局及び一般社会の反対の激しかったことが想像出来る。しかし燃え上る自由民権の運動は、かかる反対を反時代のものとして前進した。たとえば福沢諭吉は、三条の教憲の第一条を批判して、「往古のことは差置き、今日においても、世界各国に天理人道の異なるものあり。数年の間に、天理人道の変化したるものあり。支那、日本の家族にて、主人の威張るは、支那、日本の天理人道なり。西洋諸国にて、妻君の跋扈するは、西洋諸国の天理人道なり。数年以前封建の時代に、大名の家来が、主君のために命を致すも、天理人道なり。赤穂の義士が、敵を討ちたるは、元禄年間の天理人道なり。明治年間に、これを駁するは、明治年間の天理人道なり。火葬の法は、数百年来天理人道に基くこととなりしが、暫時天理人道に戻《もと》ることとなり、又近日は、天理人道に基くことに復したれども、数年の後は、更にまた天理人道に戻るべきも、図るべからず。右の如く、天理人道は、古今に殊なり、国々に殊なり、人の地位によって殊なり、数年の経過によって殊なり。殆んどその在る所を求めて、これを見るべからず。」として居る。かかる社会思潮の下に、真宗四派の大教院分離運動は、八年五月に実現、十年には、教部省の廃止を見たのである。教部省廃止以後も、教導職はなお存続し、そのために、信仰の自由を拘束されること少くなかったので、赤松連城等、その廃止運動を続け、十七年八月、遂にその廃止を見た。同時に各宗管長委任の制が布かれたので、各宗は独立して、一宗を支配することになった。

二

信仰の自由を獲得した仏教の、次になすべきことは、その新時代的編成替である。つまりその機構において、その思想において、その封建性を清算して、新時代の社会機構に適応せしめることである。勿論かかる再編成は、見事に行われたのでもなく、また伝統を重んずる宗教において、見事に行われ得べきことでもない。しかし不充分にもせよ、かなりの努力が払われて居ることは、事実である。新時代への適応化の、比較的顕著に行われて居るのは仏教学である。

幕末から明治初年へかけての仏教界の傾向は、佐田介石の須弥山説によって代表させることが出来る。当時この説がやかましく論議されたのは何故かというと、それは僧侶が、西洋文化とヤソ教を同一視し、そのために、ヤソ教排撃のためには、科学的宇宙観よりも、仏教的宇宙観須弥山説を優秀なりと主張するにしかず、と思惟したためである。つまり当時の仏教界は、ヤソ教排撃に急なる余り、西洋文化に対しても、否認的態度をとっていたのである。

しかしかかる西洋文化に対する反撃は、いつまでも持続されるべきではない。仏教は新時代的に再建する必要に迫られて居る。そのためには、西洋文化の摂取は、絶対的に必要である。かくて西洋文化の協力によって、仏教学の新時代的再建が行われた。明治十二年、大学において仏教学が開講された。その初代講師が原坦山である。彼は言う、「オルコット氏曰く、レリジョンという語は、仏教に用ふること妥当ならず。仏教はむしろ道義哲学と称すべきなりと。余は直に心性哲学といふを適当なりとす。本拠において印度哲学と改むるは、最も当れり。」と。この議論の是非はとにかく、彼が多分に西洋文化の影響を受け、特に哲学的に仏教を解明せんとしつつあったさまを、彷彿せしめる。しかし本格的に、仏教の哲学的研究に着手した者としては、井上哲次郎を挙げねばならぬ。彼は帝国大学文学部の第一回卒業生、十七年独仏に留学、六年十箇月滞在、哲学、梵語学、インド学の諸権威を歴訪、仏教の哲学的研究の必要を痛感、帰朝後釈迦牟尼伝等を講じて居る。その頃からこの方面の研究蔚然《うつぜん》として興り、その後木村泰賢、宇井伯寿等の努力によって、長足の進歩を遂げたこと、人の知るところである。

史学の立場から仏教学を再組織するということも、早くから行われているが、しかし問題とするに足るのは、明治二十七年、雑誌仏教史林を刊行した村上専精である。彼は言う、「仏教を研究するには、教理的研究と歴史的研究の二種の方法がある。そしてこの二種の研究法、いづれもみな必要のものなりと雖《いへど》も、仏教の如く多年の歴史を有し、しかも伝播の範囲を広くするものは、歴史的研究によらざれば、教理的研究を誤謬に陥らしむることあるを免れぬのである。故に歴史的研究は、教理的研究より一層必要のものなりと言はねばならぬ。」つまり歴史的研究を教理的研究に先行せしむべしというのである。その後、島地大等、常盤大定、境野黄洋、鷲尾順敬、前田慧雲、望月信亨等が輩出して居る。しかし村上専精一派の史学は、要するに教理史であって、教会史を含んではいなかった。その点教会史の開拓者辻善之助博士の功績は、高く評価されねばならぬ。

仏教研究に、多彩嶄新な方法を常に提示し来たったのは宗教学、その紹介者は姉崎正治である。また仏教聖典の研究に、直接必要の語学に梵語学がある。その紹介者は南条文雄、彼は明治九年に英国留学、十八年初代の梵語講師として帝国大学に迎えられた。その後高楠順次郎、荻原雲来等によって、梵語原典の飜訳されたるものに至っては枚挙に遑《いとま》ない。

三

かくして得られた研究の成果は、官立の諸大学、漸次その陣容を整備した仏教関係諸大学の講壇から、また間接著書論文を通じて、仏教界全体の思想を現代化せしめることに貢献した。尚そのために、社会一般の人々の、仏教に対する認識が深められたことを、忘れてはならぬ。かつまた明治時代以降、続々と起った新仏教運動も、かかる気運の中に発生したものである。新仏教運動として注目すべきものは、境野黄洋、高島米峰の新仏教運動、大内青巒、加藤咄堂等の通仏教運動、清沢満之の精神主義運動、伊藤証信の無我の愛運動、高山樗牛の日蓮主義運動、椎尾弁匡の共生運動、近くは友松円諦の真理運動、等その代表的なものである。

仏教諸宗派は、新時代に活躍する伝道者を養成するために、漸次その教育を新時代的な学校組織に改編、即ち各級の伝道者養成のため、大学、専門学校、中等学校を設立した。現在各宗派に所属する大学は、駒沢大学、高野山大学、大谷大学、立正大学、龍谷大学、大正大学、専門学校は、智山専門学校、京都仏教専門学校、京都専門学校、臨済学院専門学校、西山専門学校、真宗専門学校等である。

四

仏教の新時代への協力を論ずる時、忘れてならぬのは、社会事業である。この国における資本主義は、明治維新を契機として、急速な展開を遂げたのであるが、その途上多くの犠牲者を生み出し、かかる犠牲者を救済するための、社会事業の必要は日に月に増大した。そのため、明治四年に、棄児養育米給与及び行路病人救護法、五年に救貧法則、七年に恤救法則、十三年に備荒儲蓄法が発布され、民間においても、小規模ながら救貧、救療、育児、貧児教育、感化事業等の救済事業が開始された。しかし明治二十年においてすら、救済施設はわずかに六十五に過ぎざる状態にあり、特に仏教の経営する社会事業は、十指を屈する程度に過ぎなかった。その後も宗教社会事業としては、常にキリスト教にリードされていた。しかし大正大震災以後、両者の地位は逆転、現在仏教社会事業は、宗教社会事業の王座を占めて居る。或いは諸宗派協同、或いは一宗派、或いは一寺院、或いは個人の責任の下に、多くの社会事業を行い、その範囲は、社会事業の全分野に及んで居る。即ち一般救護として、人事相談、養老、母子ならびに父子ホーム、窮民救助、軍事保護、司法保護。経済保護として簡易宿泊所、簡易食堂、公益質屋、小資融通。失業保護として、職業紹介、授産、職業輔導。医療保護として、施療ならびに軽費診療所、施療ならびに軽費病院。児童保護として、妊産婦保護、育児、乳児保育、児童遊園、児童図書館、児童相談、盲聾唖児保護、精神薄弱児保護、少年保護。社会教化として、隣保、補習教育、矯風、教化、融和等の諸方面に渉って居る。昭和四年の文部省宗教局統計によれば、神道の一三六、キリスト教の一四九三に対し、仏教は実に四八四八の社会施設をもって居る。

　現代化して居ると思惟される二つの場合を素描してみた。だかそれは例外的事象に過ぎぬ。しかもそれすらも見掛け倒しである。全般的にみれば、仏教の現代への適応化は極めて不充分である。適応性を有せぬ宗教には（元本三字欠）明日の繁栄は絶対に約束されぬ。かくて私は、仏教よ現代日本とともにあれ、と絶叫せざるを得ぬ。

参考論著（五十音順）

阿部真琴氏　明治維新に於ける寺社領の処分（寺院経済史研究）
伊東多三郎氏　水戸藩の廃仏毀釈（仏教二ノ五）
明治時代の仏教（仏教一ノ四）
明治維新の廃仏毀釈（仏教一ノ六）
明治宗教政策の一考察（日本宗教史研究）
廃仏毀釈の社会史的考察（社会経済史学二ノ一一）
辻善之助博士　神仏分離史料（村上専精、鷲尾順敬博士と共編）
神職の離檀問題に就いて（日本仏教史之研究続編所収）
神仏分離の概観（同）
明治維新の廃仏問題と政府の態度（同）
廃仏問題による僧侶の覚醒（同）
豊田武氏　廃仏毀釈（岩波講座日本歴史一七ノ六）
檀家制度の展開（日本宗教制度史研究）
江戸時代の寺領概況（同）
明治初年の上知問題（同）

拙稿

皇道宣布運動の進展とその意義（同）
信教自由思想の発達と政教分離の経過について（同）
徳川時代の仏教（仏教一ノ一）
江戸時代山伏の研究序説（岩波、仏教学の諸問題）
近世都市の発展と宗教の新展開（仏教二ノ五）
江戸時代に於ける宗教問題（歴史教育一一ノ三）
江戸後期の宗教（日本文化史大系一〇）

附録

近世宗学の特質（『日本仏教史概説』第一五章）

第一節　教説の定型化

一

江戸時代、宗学の研究は著しい発展を示した。それは何故か。まず幕府は、封建の強化とともに、漸次仏教寺院を新封建体制の中に改編することに努力した。従来、ともすれば干戈をこととし、常軌を逸することの尠くなかった僧侶をして、本分を守り、与えられた地位に満足せしめるためには、学問修行に専念させることが最も好ましいことであった。そのため幕府は、学問器量によって僧侶の仕官を規定し、また学問奨励のために寺領及び金子を支給し、なお幕府主催の論議を催し、将軍自らこれを傍聴し、更に学僧を研究のため他の地方に遊学せしむる等、時に臨み折に触れ、学問奨励の方法を講じて居る。かかる幕府の意嚮は、寺院法度の中にも随所に散見する。たとえば、「山門の衆徒、学道を勤めざれば、住坊叶ふべからざること。」「古跡の一寺一山は、必ず学匠の能化を住せしむべきこと。」「三十年の修行成就の僧にあらざれば、法幢を立つべからざること。」「浄土宗学十五年に至らざれば、両脈伝授あるべからず。」等と見えて居る。また寺院の側についてみても、寺院の与えられた新しい地位、新しい使命を慎重に考慮、その本分に立還り、学問修行に専念することの必要を痛感、幕府の方針に協力、宗学の振興に努力したためである。ところで、かくて発展した宗学の特質は、中世の仏教学の如く自由奔放なものではなく、窮屈な、また極めて偏狭な、換言すれば封建的に定型化された仏教学であった。今、教説の定型化・異義異説の禁圧・宗学者点描の三項に分って、そのことを略述する。

二

江戸時代仏教学の第一の特質は、教説の定型化である。畢竟それは、幕府が強行せる封建の完成の、仏教学への投影である。今その典型的な表現として、戒律運動・学林繁昌を取り上げ、その性格を究明してみる。

戒律運動の方向。戒律運動として注目すべきは、天台宗の安楽律、真言宗の新安流・正法律、日蓮宗の法華律等である。まず安楽律。従来の山家律《さげりつ》が、ただ『梵網経《ぼんもうきょう》』により、小乗律儀を交えざるに反し、止作の戒儀は、四分の律制に準じ、護持の心期は法華開顕の妙旨に則り、小乗の行儀を改めずして、そのままこれを大乗菩薩の行軌なりと達知するにありとする。その創唱者は慈山（妙立）である。彼は最初禅僧であったが、偶々『大蔵経』を披閲するに及び、大いに昔日の倨傲を悔悟、戒学は、覚盛《かくじょう》・叡尊の轍を履みて自誓自受、四分の小戒を受具して南山流の律僧となり、また定慧二学は宋代の知礼《ちれい》・藕益《ぐうえき》を師として天台の三大部を研究、深く性具の妙旨に達した。よって禅宗を捨て、天台に帰した。これ安楽律の濫觴である。ただし最澄・円仁・源信と展開した日本天台よりみれば、彼の教説は明らかに異端である。従って改宗した彼に対して一部の者は支持したとは言え、天台宗教団全体としては必ずしも寛容ではあり得なかった。よって彼は常に講演を開き、最澄の真意ここにありと絶叫せねばならなかった。慈山志を達せずして示寂するや、高弟光謙（霊空）、遺志を継いで弘通これ努めた。かくて元禄六年（一六九三）輪王寺宮公弁親王、叡山飯室谷の安楽院を律刹とし、光謙をその住持に補し給うた。これ天台宗の中に、安楽律なる小乗戒の行われた起源である。光謙の高弟が智幽である。この頃には、延暦寺・寛永寺・輪王寺の律制は、一向大乗戒の制を捨てて、小乗戒に、またその学風は、日本天台を捨てて知礼・藕益に就くに至った。かかる急激なる改革に対して不満をもつ学匠も尠くなかった。その代表的人物は真流（円耳）である。彼の努力により宝暦八年（一七五八）一旦三山の律制を一向大乗戒に復旧せしめ、安楽院の律僧三百余名を一時に追放せしめた。しかるに安永二年（一七七二）安楽派の運動奏効、安楽院の律制を小戒に復し、真流以下一向大乗の徒を山外に逐い、先に追放された小乗戒の律僧をことごとく帰山せしめた。その後この安楽律は益々繁昌した。

三

真言宗には、古くより真言律なる戒律的伝統がある。江戸時代初頭、明忍あり、戒律の頽廃を慨き、慶長七年（一六〇二）、栂尾の高山寺において自誓受戒、以て真言律の振興に努めた。ついで寛文（一六六一―一六七三）の頃、快円・慈忍等皆その風を慕い、真言律を唱道した。即ち快円は和泉の神鳳寺に、慈忍は河内の野中寺に戒学を興した。まもなく浄厳《じょうごん》が現れた。自誓して菩薩戒を受け、受明灌頂を興し、また明忍の徳風を慕いて槇尾山に自誓し、具足戒を受けた。元禄四年（一六九一）江戸に霊雲寺を開創、ここを戒律の道場とし、結縁灌頂を行うた。これより戒律益々興り、四分・有部の律蔵、遂に一世を風靡するに至った。浄厳の系統を新安流という。飲光《おんこう》は、正法律と称して真言宗内に一法幢を建て、その真言律の宣揚に努めた。通受を拝して別受を用い、親証等に具足戒を授けて袈裟裁製の法等を明らかにした。寛政十年（一七九八）河内高貴寺に遷り、結界築壇した。

日蓮宗には法華律の新運動があった。十七世紀中葉、日政（元政）の提唱するところである。また草山律・元政律ともいう。『法華経』『本門戒体鈔』による。総別の二戒を立つ。即ち南無妙法蓮華経の七字を総戒、『梵網経』等の十重禁戒等を別戒と名づく。持犯の相については、

「無戒無持これ菩薩の論戒なり。」「円戒は毀に即して、しかも持。了々に仏性を見る者は、持毀の相を見ず、自在無礙なり。この故に酒肆淫房即ちこれ道場、逆行順行弥勒識らず。」等として居る。作法については、自誓受戒の儀を用い、南無妙法蓮華経・南無久遠釈迦牟尼大和尚・南無本化上行大菩薩伝戒師・文殊師利羯磨師・弥勒阿闍梨勧請の曼荼羅の御前において、十方三世の諸仏を尊証師とし、本迹の菩薩を同学伴侶とし、正しく妙法本円本地仏戒を受け、次に十重禁戒に略法受戒するのである。

以上私は三つの主なる戒律運動について略述を終った。日蓮宗のそれについては勿論、天台宗・真言宗のそれについても、私は小乗戒運動なりと断言する者ではない。がしかし、鎌倉時代の仏教が到達した禅戒一致・唱戒一致・念戒一致の戒律思想に比して、著しく小乗的であり、形式主義的傾向をもつものであることを認めざるを得ぬ。そしてそれは、道徳と生活の融合を説く日本仏教の精髄よりすれば、一歩後退を意味し、かつ歴史的にみれば、封建制の要求する生活の粛正、生活の軌道化に、無意識に対応するものであるとみるのは、筆者の僻目であろうか。

四

学林の繁昌。江戸時代、各宗派は学林をもった。大宗派においては、それらの学林には千名ないし二千名の在学者があった。たとえば東本願寺高倉学寮の学生数は、文政十一年（一八二八）には千七百十四人、天保九年（一八三八）には千八百四十七人であったという。以下それら学林中、浄土宗・日蓮宗のものについて略述する。

浄土宗鎮西派の学黌は、十八檀林である。これは江戸時代劈頭、増上寺第十二代存応慈昌と徳川家康とが相議して設けたものである。それより先檀林は存在したのであるが、ここに内容外観ともに、その面目を一新するに至った。（その名称、所在を示せば次の如くである。一、増上寺（東京市）、二、伝通院（東京市）、三、光明寺（鎌倉市）、四常福寺（茨城県）、五、大光院（群馬県）、六、飯沼弘経寺（茨城県）、七、霊巌寺（東京市）、八、幡随院（東京市）、九、霊山寺（東京市）、一〇、蓮馨寺（川越市）、一一、勝願寺（埼玉県）、一二、大善寺（八王寺市）、一三、浄国寺（埼玉県）、一四、大巌寺（千葉県）、一五、結城弘経寺（茨城県）、一六、東漸寺（千葉県）、一七、善導寺（群馬県）、一八、大念寺（茨城県）、である。）中心檀林とも目すべき増上寺檀林の規模宏壮であったことは、「慶長・寛永に日を追て盛隆し、すでに承応の山記に、百二十余宇とあり。」（三縁山志）によっても窺われる。伝通院にも「所化寮百軒」（和漢三才絵図）あったと云われて居る。檀林における修学次第は、名目部・頌義部《じゅぎぶ》・選択部《せんじゃくぶ》・小玄義部・大玄義部・文句部・礼讃部・論部・無部の九部であった。名目部は最初の学級であるから、聖《しょう》冏《けい》の『浄土略名目図』を研修、聖浄二門・難易二道・厭穢欣浄等の宗部名目の大綱を知らしめた。頌義部は、聖冏の『浄土二蔵頌義』を研修、声聞菩薩の二蔵、漸頓二教等の権実事理を知らしめた。選択部は、一宗の枢鍵たる法然の『選択集』を研修、祖意を理解せしめる。小玄義部は、善導の『観経疏玄義分』の初めを、大玄義部は、その奥義を領解せしめる。文句部は、観経の文相を解釈、定善十三観、散善三福九品を領解せしめる。礼讃部は、五部九巻中の『四帖疏』を除き、『法事談』『観念法門』『往生礼讃』『般舟讃《はんじゅうさん》』を領解せしめる。論部は、『往生論』の極致を領解せしめる。無部は、八部の講究畢り、宗乗の蘊奥に了達したるをいう。以上は宗部の課程であるので必修課目であるが、有志は性相権実の法門は勿論、諸子百家の俗典を研究するも差支なかった。一般仏教学、または儒学等の学者は、みな講席を開設、聴講者の多きを誇りとした。なお普通の修学過程を示せば次の如くである。まず得度する、日常の勤行は勿論、三経一論五部九巻の要文を暗誦する。十五才となれば、檀林中のいずれにか名籍を掛けて所化となる。ここに学生生活が始められる。修学期間は、最初十五年間と規定されたが、漸次短縮され、五重三年、両脈七年ということに改正された。学生生活を終れば、所属檀林及び増上寺能化職の添状をもって、京都知恩院に行き謝金を納むれば、相当の寺院に住職する資格を与えられる、修学二十年以上の者は正上人、十五年以上（寛文十一年、十三年と改正）、十九年以下の者は権上人である。かくて住職資格を獲得するためには、絶対に檀林に学ぶ必要があった。ここに檀林繁昌の原因を求むべきである。

日蓮宗の学黌は談林という。まず一致派の談林。天正の初め、日生は下総の飯高談林・京都松崎談林を創めた。この二談林は日蓮宗談林の権輿であるので根本談林という。ついで日円は中村談林、日裕は小西談林を起した。慶長年中に至り、日重・日乾・日遠はそれぞれ六状・鷹峰・西谷の各談林を開いた。この頃に至り、談林の学制大いに整備するに至った。修学の次第は、大体において、名目部・四教儀部・集解部《しゅうげぶ》・観心都・玄義部・文句部・止観部・上座部等である。玄義部を経れば、談林成効の出家という。ここに至る約三十年の歳月を要する。また三十年にして文句能化に挙げられ、終って位階法臘満足の出家ということになる。止観部には、別に能化を置かず、同席の者互に相講談するの定めであった。

次に勝劣派の談林。元和年中、日純、宮谷談林を、延宝年中、日承、小栗栖談林を、享保四年（一七一九）日有等、三沢談林を創めた。修学の次第を、名目・条箇・集解・指要抄・玄義・文句・中座・上座等に分った。近世日蓮宗学の動向が天台研究であったことが、談林にそのまま反映、その科目の天台学中心であることを注目せよ。かくて談林の繁昌は、天台宗を貴び、自宗開祖の教義に疎遠ならしむることを結果した。日導はかかる傾向を、「惟ふに乾・遠等の諸師、台家の学校を草創せる者は、ほぼ吾宗義に通ぜる者をして、助道たらしめんと欲するのみ。蓋し迹化の弘経は、本化に由漸するによる。しかるに近来その準則を喪ひ、法華八軸僅かにこれを通授すれば、黄口の雛僧亦《また》談林に啄しむ。是に於いて浅より深に至る、教に於ける観に於ける、ただその貴ぶところ偏へに台教にあり。吾本宗を下視して、その家の奴隷の如くす。

この故につねに諸人を集め開莚説法するも、義の帰するところ、概ね台判にあり。そのまさに終らんとするに至りて、少々班々集録せる祖文の一片を読んで、以て勧俗の好手段とす。」（祖書綱要）と剔抉して居る。本宗においても、談林と住職資格とは密接なる関係をもった。「法華は京都本圀寺・十八談林・江都池上・甲州身延等に十年学、二十年・三十年学と、長く修行するを上功とす。然れども大概初度の遍参にて、住職して上人と号す。」（経済問答秘録）とされて居る。その他、天台宗においては、延暦寺・寛永寺・喜多院、真言宗においては、金剛峯寺・長谷寺・智積院《ちしゃくいん》、浄土真宗においては東本願寺・西本願寺、臨済宗においては、妙心寺・大徳寺・京都五山・鎌倉五山等、曹洞宗においては、永平寺・総持寺・吉祥寺等、黄檗宗においては万福寺等は、それぞれ学寮を附設、宗学の蘊奥を授け、佐職資格を附与した。

学林繁昌の主因が住職資格獲得のためであったという事実を忘れてはならぬ。そのことが、それら学林の繁昌にもかかわらず、仏教学を一般諸学に比して著しく精彩乏しからしめ、遥か低水準に放置した一原因であると思う。

第二節　異義異説の禁圧

一

教説の定型化の他の一面は、異義異説の禁圧である。キリシタン禁圧は人のよく知るところであるが、幕府は単にキリシタンを異説として排撃したばかりでなく、国教的地位を与えた仏教においてすら、些少の異義異説といえども、寸毫も仮借することなく断乎禁圧して居る。封建制の申し子である教説の定型化・異安心の禁圧は、相互に支持影響されつつ、仏教学を益々偏狭ならしめ、かつ無気力ならしめた。いま異義異説の禁圧を不受不施派・異安心の場合について略説、なおかかる禁圧が生み出した秘事法門について略説することとする。

二

不受不施派禁圧。文禄四年（一五九五）、豊臣秀吉、各宗より僧侶一百人ずつを請じ、京都東山妙法院において千僧供養の法会を催した。日蓮宗の京都寺院十六箇寺も招請に応じた。偶々妙覚寺日奥、これに応ぜず、たとえ国主の施ありとも不信謗法の供養に列るべからずとなし、自ら京都を去って丹波小泉に隠れた。慶長四年（一五九九）徳川家康は、日奥を大阪城に召喚して審問、受不施を主張する妙顕寺日紹・妙国寺日統と対論せしめた。受不施は日蓮宗身延派の態度である。その所説は次の如くである。不信謗法の徒に供養すべからずといえども、もし宗外の者の施を受けざれば、彼等を誘引すること能わず、また内心に兆すところの帰依心をも失うべし。故に宗祖日蓮も未だ信者を得ざる以前、すでに他の供養に応ぜるは、宗外の施を受けたるものとするのである。それに対し日奥は、不信の者の施を受くるはこれ謗法を許す所以で、宗祖日蓮の折伏の行儀に違し、日蓮宗所立の要法を失するものである。日蓮が不信の者の施を受けたのは、貧窮田にして三宝恭敬の施にあらずとして毫も護らなかった。その信念の鞏固さは嘉すべきも、封建性強化の歴史的使命を有する徳川幕府としては、封建秩序紊乱の怖れある教説に対し、その存在を許容し得なかった。即ち不受不施を邪法と認定、翌年、日奥を対馬に配流した。しかるに十七年（一六一二）日奥赦されて帰京するや、所司代板倉勝重は、奇怪にも日奥のために不受不施を公許した。ここに不受不施再燃、日奥に呼応する者漸く多きを加えた。寛永五年（一六二八）、池上本門寺日樹、再びこの義を主張、秀忠夫人浅井氏葬礼の布施を拒み、身延山僧徒のこれを受くるを非難した。中山日賢・小西日領・平賀日弘・碑文谷日進・中村日充等呼応する者多く、その勢甚だ優勢であった。これを以て身延山日暹は、先住、日乾・日遠等とともに幕府に訴えた。七年（一六三〇）幕府はその請を容れ、遂にその与党を配流、本門寺・妙本寺を日遠に与え、三年にわたる紛擾漸く解決した。日奥の孫弟子に、日講がある。寛文五年（一六六五）、幕府は日講を召喚、寺院の土地は、直接間接すべて幕府の供養にかかるものである、しかるに土地を受けて供養を受けざる理由如何と難詰した。よって日講、『守正護国章』一篇を作り、寺院の土地は国主の仁恩に出で、決して出世間三宝恭敬の供養にあらざるを弁疏した。しかし幕府の容るるところとならず、審問の結果、日講は日向の佐土原に、日述・日浣等もそれぞれ配流された。かつ翌六年（一六六六）伝道禁止を命ぜられた。ところで不受不施弾圧に際し、小湊誕生寺（日明）・碑文谷法華寺（日禅）・谷中感応寺（日純）

の三寺は、「このたび御朱印頂戴仕り候地子・地領悉《ことごと》く供養と存じ奉り候。」なる手形を出し、朱印状を貰った。これ寺領は敬田・恩田・悲田の三田中において悲田の施なりと歪曲、幕府に迎合したのである。この派を悲田派といい、それに対して日講等の一党を恩田派という。元禄四年（一六九一）四月、悲田派停止され、所属の三箇寺は天台宗に改宗せしめられ、七月、その徒七十五人は伊豆五島に配流された。

三

異安心の処理。異安心の最も多く問題とされたのは、浄土真宗である。まず本願寺派から記してみる。すでに十七世紀に、寛文四年（一六六四）紀州作太夫の善知識だのみの邪計・明覚寺存空の異議、五年（一六六五）大阪浄光寺の王法紛《まぎらし》・報謝紛・胸如来等の邪義、延宝四年（一六七六）信越の称名策励の異計、貞享三年（一六八六）邪義の書『一往再論』刊行、元禄八年（一六九五）光善寺寂玄・教行寺寂超の異義等があった。十八世紀に入って異安心問題益々やかましく、大阪慈吟の廃称仏の邪義・長州円空の一如秘事・豊前桑洲の三重口授の邪義・越前竜養のたのまず秘事等相ついだ。越前のたのまず秘事に対する能化功存の『願生帰命弁』は、甚だしく機功を募るもので、願生帰命・三業安心に堕するものであった。寛政九年（一七九七）智洞能化職となるや、『願生帰命弁』の説をつぎ、盛んにこれを主張した。その説くところは、願生帰命の説を更に誇張したもので、心に願生帰命する以上は、身口二業にも必ず願生のさまは発動すべし、故に帰命とは、意に弥陀をたのむと同時に、身に礼敬し、口に称名することなり、というのである。学林において唱えたのでその感化全国に及び、至るところに正義者と衝突、謂ゆる三業惑乱の紛擾を惹起した。その時に当り、安芸の大瀛・河内の道隠等、主としてその非を鳴らし、遂にその鑑定には幕府の力に頼らざるを得なかった。

なお学匠間における法門の論諍には次の如きものがあった。十七世紀、承応年間、西吟・月感の論諍がある。月感は、西吟を以て自性唯心に陥りたるものとして攻撃したが、自らは却って信行同時の邪義に堕していた。十八世紀。宝暦年間、性均、安居の講者となったが、その説宗意に違するとして、学林より訴えられた。明和年間、智暹は本尊義を作りて、前能化法霖の説は一益法門に堕するものとして論難したが、彼の説また穏かならざるものがあった。十九世紀。越中の義諦と安芸の雲幢と三信一心の問題に就いて都名・別取の論諍をした。また僧叡は弘願助正の説をなして、道振・道命等と論諍した。同じ僧叡は、行信の説において、法相表裏・稟受前後の説をなし、また曇竜は文三義一の新名目を作りて、ともに本山の誡告を受けた。興隆・宝雲・南渓は称名正因の嫌疑を受け、本山において糺問された。その他本山において糺問さるるもの尠しとしなかった。その他曇竜・巧便の作願門信行の諍論、護命・了厳の法体上信心成不の論諍、月珠・善譲の行信論諍等があった。

次に大谷派。十八世紀、明和四年（一七六七）、越後了専寺の寂賢等は三業一致の帰命を主張、久唱寺道懐等は法体募りの安心を唱導、相諍いて講師の教誡を蒙った。天明・寛政の頃、加賀の禅門任誓は、無念無想の安心を、寛政九年（一七九七）下総孫右衛門は善知識頼みの異義を唱え、同十一年（一七九九）、近江光常寺は地獄秘事によりそれぞれ処断された。十九世紀。寛政十二年（一八〇〇）、近江願応寺並びに五村法中の、口称を以て頼むとなして、別に頼むの安心あるを嫌う異義ありて、調理された。享和三年（一八〇三）には、出羽公厳は、頼むに三業いずれを以てするも可なりとの説を立てた。その頃、美濃西円寺宝厳は、意業募りの安心、本尊来迎仏等の説をなして処分された。文化二年（一八〇五）、肥後の法幢は、唯行無解の安心、摂得三重法門の教語・法体円融穢体差別の説をなして、その徒とともに喚問された。六年（一八〇九）、尾張安養寺の霊瑞等は、教導上不穏当なる言辞を弄したとの理由によって処理された。文政五年より八年（一八二二―二五）にかけて、加賀に御助け方と頼み方とに分れて諍論し、七年（一八二四）には越後の竜山は頼み嫌いの主張をなし、弘化三年（一八四六）には石見の定観は、称名正業の義、及び二種深信について謬説を唱え、嘉永三年（一八五〇）には、能登頓成の信機自力の異義、その後越前の是海、三河の順敬等の異義があった。

四

秘事法門の性格。上述の如く、封建制の強化は、宗教界においては宗義の定型化となり、異義異説の禁圧となって現れた。かかる禁圧とともに、民衆の間に根強い勢力をもつ信仰は、潜行性をもつに至った。謂ゆる秘事法門の起源は古く、すでに親鸞在世中、その長子善鸞は、夜中の法門なる秘事法門を唱導、善鸞の法嗣如道は、越前を中心にその伝道に努めていた。しかし鎌倉時代・室町時代の秘事法門は、その宗教儀礼が著しく神秘的であったことは事実であるが、未だ潜伏性をもつものではなかった。しかるに江戸時代、宗学が漸次定型化され、異義が禁圧さるるとともに、潜行的に全国に伝播するに至った。秘事法門は、土蔵秘事・鍵かけ法門・隠し念仏・御蔵法門・内証講・夜中法門・御杓子講ともいう。その説くところ同一にあらざるも、大体において、次の如くであった。親鸞の法義は、蓮如の頃まで本山にあったが、蓮如は僧侶が法義を営利の具となすを恐れて、これを在家の信者に相伝したといい、或いは親鸞より善鸞に伝えられ、その後在家の信者に相伝したともいう。故に安心の奥義は、その相伝を受けた在家の善知識より外に知る者なく、本山の僧侶の知るところは一往表面の義にして、再往裏面の奥義にあらずとする。しかしてその奥義は、無宿善の前にて顕露に語るべきにあらず、宿善純熟の機を見て、秘密に伝うべきであるという。その法門伝授の一例を挙ぐれば次の如くである。前弁。毎月十日より十六日までを前弁と称して夜中に法語して、真宗の安心に特別の相伝あること、ただ聞くのみにては得られざること、知識に面授する必要あること、宿善無宿善を分別すべきこと、助けたまえと頼むには秘伝あること、僧侶の信心を心得ざること等を縷々説明する。第一、一念帰命の式。その問に宿善純熟せりと認むる聴問者ある時は、十九日早朝より善知識の宅に連れ行き、まず一念帰命の式を行う。まず『御文章』第二帖第十一通の五重義を講話、宿善開発して善知識に遇うことの必要を説き、次に『神明三箇条』を読みて御相伝の一流あること等を教え、次に真の善知識出で来たって、『御文章』第二帖第六通を読み、他宗他人に対して洩すべからざることを告げ、次に同第五通により数珠のことを話してこれを授け、次に三帰を行い、十念を授け、次に『御文章』第三帖第五通によりて、渇仰の頭をうなだれての講話を行う。かくて中心的な宗教儀礼、助け給え、の式に移る。この作法は、土蔵・麹室等の密室において行う。密室の荘厳は、正面に来迎三尊の図を掛け、その前に白打敷を飾り、樒《しきみ》の花、大蠟燭を立て、中央の大鉢に水を供え、前に赤毛布の上に白木綿をつけたるものを敷く、二河白道に擬したのである。行者は足を香炉にて薫じ、白木綿を踏んで仏前に進み、身口意ともに、助け給えと懇願する。この時行者は眼を閉じて居る。善知識は彼のたのむ熱誠をみて、よし、と言い、仏前大鉢の水を飲ませて目を開かせる。行者は、室内晃々として光明親しく身辺に逼るが如く感ずる、後に勤行、講話ありて式を終る。その後数日ないし数十日を隔てて、第二、第六字の御益、第三、御袖の御益、第四、無極尊の御益、第五、鏡の御益、第六、往相の御益、第七、還相の御益、等の式があり、毎年、第八、天杯の御益があり、また第九、御棟上の御益の式がある。以上を九度の出世、または九つの御益という。

第三節　宗学者点描（一）

一

天台宗。注目すべきは慈山である。四分律を以て最澄の真意の存するところとし、天台宗の『梵網経』による一向大乗戒に反対、宗学においても台密禅三宗一致の宗風を排撃した。これを思想的にみれば四明知霊《ちれい》の学風を受けたものであり、社会的にみれば封建強化の無意識的影響である。この学系に、光謙・智幽・痴空等がある。安楽院を中心としたので安楽派、戒律を重んずるので安楽律ともいう。安楽派の思想、天台宗を風靡せる時、敢然起って日本天台の復興を唱えたのが円耳《えんに》である。ある時は安楽派を圧倒したこともあるが、それは瞬時に過ぎなかった。寺門派に、最澄の学風を守る学者が多かった。性慶・敬光等はその代表的人物である。

慈山《じざん》（一六三七―一六九〇）比叡山安楽律院の開祖。字、妙立。号、唯忍子。美作の人。山城花山寺の雷峰に師事、印可を得て、近江坂本に庵居。後、京都泉湧寺《せんにゅうじ》にて『大蔵経』を披閲、また律を学ぶ。ついで天台の『三大部』を読むに及び、禅門の極則なお天台の別意に及ばずとし、禅より天台に改宗、比叡山に上る。山家の一向大乗戒に代うるに南山流の大小倶戒を以てした。しかるに山中の偏見者流、小乗の比丘、大乗を混乱すとして山外に追放した。よって摂津・山城の間に流寓、延宝八年（一六八〇）東山に庵居、元禄元年（一六八八）三井寺の学徒のために『妙宗鈔』を講じ、ついで聖護院法親王道裕のために『指要鈔』等を授く。三年七月三日寂。寿五十四。著書、十重俗詮・円頓章句解等。門下の上足光謙、叡山に安楽律院を興すに及び、慈山を推して開山とした。

性慶《しょうけい》（一六六七—一七三七）近江法明院の中興、字、義瑞。近江の人。諸方に遊び、天台の教観を極む。元禄二年（一六八九）慈山、洛東に天台の教観を唱うるを聞き、馳せて『妙宗鈔』『十義書』等を聴く。九年（一六九六）近江石山の南に草庵を構えて隠る。宝永元年（一七〇四）『観経妙宗鈔』を講じて、霊空の所説を破る。ついで『弁内外二境弁』、『内外境観拾遺』、『内外境観二百難二千酬』を著して、論諍これ努む。享保八年（一七二三）法明院を中興、円城寺の律院となす。元文二年六月六日寂。寿七十一。著書、行事鈔・資持記節要等約三十部。

光謙《こうけん》（一六五四—一七三九）比叡山安楽律院の僧。字、霊空、号、幻々庵。筑前の人。慈山に師事。律を修む。貞享二年（一六八五）、洛西北野に移り、師説を承けて、『開邪篇』一巻を撰し、元旨帰命壇の邪義を破る。元禄六年（一六九三）輪王寺門主公弁法親王の請により、安楽院を律寺に改め、慈山を開山に拝し、自らは第二世となる。のち諸国を遊歴して、戒律を宣説、傍ら書を著して天台の骨体を示す。元文四年十月四日寂。寿八十六。著書、文句講録・止観講録・開邪篇等五十余部。

智幽《ちゆう》（一六六六—一七五二）比叡山安楽律院の中興。字、玄門。伊勢の人。最初慈山に、その寂後光謙に師事。宝永三年（一七〇六）師席を継ぎて安楽律院を董し、享保二年（一七一七）備前岡山に仏心寺を剏《はじ》めて律院となし、諸徒を集めて講経説法した。八年、江戸上野の浄名院成るや、光謙に代りて住持、律軌を定め、講経説法した。また輪王寺宮公寛法親王（—一七三八）日光山に律院を興さるるや、召に応じて至り、清規を立てた。次の輪王寺官公遵法親王（—一七八八）の御信任を得、元文四年（一七三九）光謙示寂するや、親王は、一派の徒衆をして智幽を空の如くに崇信せしむべきの令旨を発せられた。宝永二年五月十三日寂。寿八十七。

真流《しんりゅう》（—一七二四《マ》・一七七二《マ》—）比叡山禅定院の学匠。字、円耳《えんに》。伊勢の人。禅定院の智濤に師事、享保十五年（一七三〇）師席を継ぐ。延享四年（一七四七）安楽院の住持に転ず。宝暦四年（一七五四）安楽院法義復古改制に関し、明和八年（一七七一）責を負うて辞任、南禅寺の草庵に隠る。後、座主の命により復職。安永元年（一七七二）法乱に遭い、再び南禅寺の草庵に帰る。寂年未詳。寿六十余。著作に、山家円戒往復書等十数部、主として山家戒に関するものである。

敬光《けいこう》（一七四〇—一七九五）園城寺法明院の第五世。字、顕道。号、藕峰・恋西子。山城の人。園城寺の敬雅に師事、のち飲光に悉曇を学び、兼ねて報思流の密灌を伝う。明和八年（一七七一）播磨西岸寺に『観経妙宗鈔』を講じ、また洛東源宗院に『摩訶止観』を講ず。爾来講説に寧日なく、傍らに著述に従う。当時、慈山・光謙の師資、学は四明・藕益の説を唱え、戒は南山の小乗律を奉じ、遂に安楽院を律刹となし、顕密各立を強調していた。この時に当り、古天台へ復帰せんの誓を立てた。特に意を智証・安然に傾け、一向大乗の円戒を弘め、叡山における真流の論に和し、慈山・光謙の学風を排した。寛政六年（一七九四）法明院を継ぐ。七年八月二十二日寂。寿五十六。著作、円戒膚談等四十余部。

痴空《ちくう》（一七八〇―一八六二）寛永寺浄名院の学匠。字、慧澄。号、愚谷。近江の人。比叡山に上り、安楽院の覚忍につき、ついで大雲律師の法嗣となり、随侍して紀伊作是庵に赴く。後、再び叡山に帰り、山城・尾張等に遊び、諸大徳の門を叩く。文化六年（一八〇九）始めて叡山無動寺に『倶舎論頌疏』を論ず。九年（一八一二）東叡山寛永寺に『法華玄義』『法華文句』を講ずること六年に及ぶ。文政八年（一八二五）叡麓世尊寺に『摩訶止観』を講ず。天保元年（一八三〇）、寛永寺浄名院に転じ、三大五小部を講ずるや、宗の内外より、学徒競い集り、その盛んなりしこと近代に比類なしと言わる。文久二年三月二日寂。寿八十三。著書、法華文句講義・法華玄義講義・摩訶止観講義等十数部。

二

真言宗。真言宗において、教学の発達したのは、智山と豊山とである。まず智山の学者に元寿・良典・運敞・浄空がある。なかんずく運敞は中心人物、智山の学風は、この人に至って確立したといわれて居る。浄空は倶舎・唯識学者として有名である。次に豊山系の学者には、秀算・頼意・亮汰・英岳・法住・快道・戒定等がある。亮汰によって豊山の学風は樹立され、英岳に至って豊山教学の最盛時を現出した。なお真言律系の学者、明忍・浄厳・飲光を忘れてはならぬ。

明忍《みょうにん》（一五七六―一六一〇）山城槇尾山の律僧。字、俊正。京都の人。高雄山晋海に師事。内外の典籍を学び、かつ密宗の蘊奥を究む。戒律の頽廃を慨し、同志慧空・友尊等とこれが興隆につとむ。即ち慶長七年（一六〇二）栂尾高山寺において自誓受戒、ついで槇尾平等心院を再興。学律の徒、風を慕いて集る。十一年（一六〇六）別受相承の望を果さんがため支那に赴かんとせしも、国禁によりて果すことを得ず、対馬に留りて托鉢自活。十五年六月七日寂。寿三十五。

元寿《げんじゅ》（一五七五―一六四八）智積院第四世。字、長存。下野の人。長谷寺の専誉・智積院の玄宥に密宗を学ぶ。のち南都に遊び、唯識・因明を究む、慶長十七年（一六一二）結城の満福寺に、はじめて講席を張る。翌年、幕命り《ママ》駿府に赴く。講莚を張ること数十回。元和五年（一六一九）秀忠、大報恩寺を与う。ついで智積院の能化となる。後水尾上皇の命により仙洞にて宗義を論じ、また勅により『秘識義章』一巻を製し献上した。慶安元年閏正月十三日寂、寿七十四。

良典《りょうてん》（一六〇七―一六五二）伊勢真常院の学匠。字、文性。伊勢の人。智積院の日誉・元寿に就いて密宗の蘊奥を、のち宥雄・宥嵓に土巨流・広沢流の事相を学ぶ。伊勢久留山に帰り、『大日経疏』を講ず。宮崎に隠れ、また岩井田神路山下に真常院を建立、講莚を張る。承応元年八月十三日寂。寿四十六。著作、大疏鈔・起信論専釈鈔・説法明眼論科註・同論鈔・父母恩重経鈔・佳心品料文・秘鑰文林等。

亮汰《りょうたい》（一六二二―一六八〇）大和長谷寺の第十一世。字、俊彦、のち浄泉と改む。薩摩に生る。豊山長谷寺尊慶・良誉・信海等に師事、密乗を精究す。延宝八年（一六八〇）幕命によりて豊山第一世能化となる。よって大いに講莚を張り、学徒を提撕、一山の学風を振興す。同年十一月十日寂。寿五十九。著作多し。

運敞《うんしょう》（一六一四―一六九三）京都智積院の第七世。字、元春。号、泊如。快我・頼運・日誉・元寿・寛済・宝慶等に就いて顕密の秘奥を究む。承応二年（一六五三）智積院第一座となる。『性霊集』を講ぜしに、聴衆無慮八千人に及べりという。寛文元年（一六六一）智積院第七世となる。彼が能化となるや、学徒俄かに激増、学寮ために狭隘を告げ、増築の余儀なきに至る程であったという。智山の学風はここに確立した。元禄六年九月十日寂。寿八十。著作、大疏第三重啓蒙等。

浄厳《じょうごん》（一六三九―一七〇二）江戸霊雲寺の開山。字、覚彦。号、雲農・妙極。河内の人。高野山にて密教の奥義を究む。当時悉曇を解する者なきを慨し、自らこれが研究に従い、寛文十年（一六七〇）『即身義』『悉曇字記』を講ず。延宝四年（一六七六）常楽寺に曼荼羅を建て、諸弟子に受明灌頂を授く。受明灌頂は東密の一派、その伝を失うこと五百年に及びしものである。同年、明忍の跡を慕い、栂尾高山寺において自誓受戒した。元禄四年（一六九一）徳川綱吉の尊信を受け、江戸湯島に霊雲寺を開創した。生涯、授灌・講経大いに努めた。また東密の事相に通じ、偽軌を校合して誤謬を訂正、啓発するところ多かった。後世この流を新安流という。十五年六月二十七日寂。寿六十四。得度の弟子四百三十六人。菩薩戒を授けし者、万五千余人という。著作、悉曇三密鈔・悉曇字記等。

英岳《えいがく》（一六三九—一七一二）豊山の学僧。字、宣春。良誉・亮汰・有雅等について密宗を学ぶ。寛文元年（一六六一）豊山に講莚を張り、育英に従う。元禄八年（一六九五）幕府の命により豊山の住持となる。四来の学徒一千を越え、豊山教学の最盛時代を現出した。十五年（一七〇二）江戸進休庵に隠棲。正徳二年十一月一日寂。寿七十四。著書、理趣経純秘鈔講義・阿字義註訓・雄章問答等。

飲光《おんこう》（一七一八—一八〇四）正法律の開祖。字、慈雲。号、蔦城山人・百不知童子。俗称、慈雲尊者・慈雲律師・葛城尊者。大阪に生る。諸大徳について仏教研究、延享元年（一七四四）河内長栄寺に住し、二年（一七四五）別受の羯磨によりて親証に具足戒を授く。日本の受戒は、中世以後、皆通受の自誓受戒であった。三年（一七四六）長栄寺を結界、如来在世の正法を興し、戒規を制定して、正法律の鼓吹に努む。後、生駒山に幽居、双竜庵を構え、梵学の攻究に専念、大著『梵学津梁』一千巻を完成す。寛政十年（一七九八）河内葛城山の高貴寺を以て、正法律の本山と定む。文化元年十二月二十二日寂。寿八十七。著書、十善法語・梵学津梁等。

三

臨済宗。臨済宗において繁栄したのは、大徳寺派と妙心寺派である。大徳寺派に宗彭があり、妙心寺派に東寔《とうしょく》が出た。東寔は江戸竜翔寺開山。妙心寺派はこの時より隆盛となった。文守・慧鶴はその法系である。慧鶴は法孫甚だ多く、現在の臨済宗は多くこの系統に属する。実に臨済禅の中興である。

宗彭《そうほう》（一五七三―一六四五）武蔵東海寺の開山。字、沢庵。号、東海・暮翁・冥子。但馬の人。大徳寺三玄院の宗弼に侍すること数年、ついで紹滴に参じ、その印可を受く。慶長十四年（一六〇九）大徳寺住持となる。元和四年（一六一八）宗知、大徳寺住持となるや、幕府その開堂を法度に相違すと責む。宗彭、ために幕府に抗弁して罪を得、六年（一六二〇）出羽上山に謫せらる。九年（一六二三）赦されて帰京。その後、徳川家光の寵を受け、しばしば営中に法要を説き、また、後水尾天皇に召されて宮中に経典を講ず。寛永十五年（一六三八）幕府品川に東海寺を開創、請じて開山となす。正保二年十二月十一日寂。寿七十三。著作、明暗双々集・玲瓏随筆等多し。

文守《ぶんしゅ》（一六〇八―一六四六）山城霊源院の開山。字、一糸。京都の人。沢庵宗彭に侍すること久しく、のち愚堂東寔の法を嗣ぐ。後水尾上皇、加茂に霊源院を建て給うや、文守を開山に請じ給う。寛文二十年（一六四三）近江永源寺を中興、正保三年三月十九日寂。寿三十九。著作、緇門宝蔵註垂誡等。

慧鶴《えかく》（一六八五―一七六八）駿河松蔭寺の住持。字、白隠。駿河の人、越後高田英巌寺の正徹の講席に参じて省あり。更に信州飯山正受庵の的翁に謁して悟徹す。享保元年（一七一六）松蔭寺に住持、翌年、妙心寺第一座に転じ、法を透鱗に嗣ぐ。のち東海・東山・山陽・京洛の諸地に赴き、仏経祖録を講じ、道声大いに振う。宝暦八年（一七五八）伊豆竜沢寺の開山となる。明和五年十二月十一日寂。寿八十四。法嗣に東嶺円慈・遂翁元盧・峨山慈棹等四十余人あり、実に臨済宗復興の祖である。この派を鵠林派という。著書に、荊叢毒薬・槐安国語・闡提記聞・夜船閑話・遠羅天釜等。

黄檗宗。新宗派である。元来支那に黄檗宗なる一宗派が存在したわけではない。宗祖隠元隆琦は臨済宗。といっても、鎌倉時代日本に紹介されたそれとは、かなり趣を異にしていた。つまりそれは明末の禅宗が浄土宗に著しく近接して居るためである。かくて日本において別に黄檗宗が開立されたのである。黄檗山の住持は隆琦以後十三代までは引続き支那僧であった。黄檗宗の中で知名の禅僧といえば、鉄牛道機・鉄眼道光・了翁道覚である。

隆琦《りゅうき》（一五九二―一六七八）黄檗宗祖。字、隠元。禅師号、仏慈広鑑・径山首出・覚性円明。国師号、大光普照。大師号、真空。明の福州の人。臨済宗の密雲円悟・費隠通容に師事、通容に嗣法。請ぜられて黄檗山を領するや、宗風大いに揚る。承応三年（一六五四）長崎興福寺の逸然に請ぜられて来朝した。その道声を聞いて禅僧相競うて参謁せんことを求めた。妙心寺の竜渓・禿翁・竺印は、彼を妙心寺に請待せんとさえした。明暦元年（一六五五）摂津普門寺に住持、万治元年（一六五八）江戸に下向。天沢寺に寓居。三年（一六六〇）将軍綱吉の旨を承けて、山城宇治に一寺を創む。寛文三年（一六六三）竣功、明の黄檗山万福寺の山号・寺号をそのままに黄檗山満福寺という。後水尾上皇を始め奉り、道俗帰依する者多し。住持すること四年、寺内の松隠堂に退休。延宝元年四月三日寂。寿八十三。著作、黄檗語録・普照国師広録・隠元法語等。

道光《どうこう》（一六三〇―一六八二）大阪瑞竜寺開山。字、鉄眼。国師号、宝蔵。肥後の人。京都に遊び、内外典を修む。明暦元年（一六五五）隠元隆琦に参詣、ついでその高弟木庵性瑫に師事す。大蔵経開版の志を起し、浄財を募る。黄檗山に宝蔵院を、京都に印房を設く。拮据経営十余年、延宝六年（一六七八）その功を終る。世に鉄眼版、または黄檗版大蔵経という。その間、寛文十年（一六七〇）大阪瑞竜寺の中興開山となる。天和二年（一六八二）畿内の飢饉に当り、賑恤に努力す。天和二年三月七日寂。寿五十三。

道機《どうき》（一六二九—一七〇〇）武蔵弘福寺の開山。字、鉄牛。号、自牧子。国師号、大慈普応。石見の人。三都の名匠を歴訪。禅定を修し、教釈を学ぶ。明暦元年（一六五五）隠元隆琦に就く。万治二年（一六五九）湯島麟祥院に住持、寛文六年（一六六六）木庵性瑫に嗣法。ついで小田原紹泰寺・向島弘福寺を開創。また白金瑞聖寺に住持。延宝六年（一六七八）稲葉正則と謀り、下総椿沼の開墾に尽力、元禄二年（一六八九）新田八百石を開拓す。元禄十三年八月二日寂。寿七十二。著作、七会語録・自牧摘稿。

道覚《どうかく》（一六三〇—一七〇七）宇治天真院開山。初名、祖林。字、了翁。羽後の人。貧困の中に苦行、参究に努む。承応元年（一六五二）隠元隆琦に参詣。後、感ずるところありて男根を切断、苦患の余り、神仏に祈請、夢に薬方を感得、全治するを得た。よって不忍池畔に薬舗を開き、その霊薬を錦袋園と名づけて発売、得るところの利益ことごとく社会公共の事業に費消した。棄児養育・窮民賑恤等にも力を致した。また七千余函の書を求め、不忍池中に一島を築き、文庫を建てた。また東叡山・白金瑞聖寺に勧学寮を剏《はじ》め、高徳大儒を聘して講莚を張らしむ。学徒集るもの三百余人、文庫の蔵書三万巻に及んだという。また全国二十四大寺に黄檗版大蔵経を寄進した。元禄七年（一六九四）黄檗山に移り、山内に天真院を創む。翌年、高泉性潡に嗣法。宝永四年五月二十二日寂。寿七十八。

第四節　宗学者点描（二）

一

曹洞宗。曹洞宗においては、宗統復古運動が注目されねばならぬ。これより先、曹洞宗にては嗣法の制乱れ、重ねて他師より嗣法すること、代人によって嗣法することが盛んに行われ、その弊甚だしかった。月舟宗胡まずこれを慨し、宗統復古を唱え、高弟卍山《まんざん》道白その志を継ぎ、元禄十三年（一七〇〇）同志の玄光・天桂・梅峯等とともに謀って幕府に訴えた。幕府は十六年（一七〇三）条目を定め、人法と伽藍法とを分った。人法とは、長老となって嗣法する時は、嗣書・戒脈・大事の三物を授受するをいい、伽藍法とは、入寺の際、寺院の血脈・大事を重ねて授受するをいう、それら五物を併せ有することが、一宗の法則となったのである。その他、宗学者としては、伝尊・恵印・瑞方があり、帰化の名匠に興儔がある。

宗胡《そうこ》（一六一八―一六九六）加賀大来寺住持。字、月舟。号、可憩斎。肥前の人。大乗寺の白峰方滴に参じ、その法を嗣ぎ、大乗寺住持となる。その門庭の繁昌、黄檗の隠元と並び称せらる。深く宗門の凋落を慨し、古規の復興に努む。これより洞門の規矩大いに整う。延宝八年（一六八〇）大乗寺を退き、洛西禅定寺に隠る。元禄九年正月十日寂。寿七十九。著作、月舟遺録。

興儔《こうちゅう》（一六四〇―一六九六）水戸祇園寺の開山。字、心越。号、東皐。明の杭州金華府の人。延宝五年（一六七七）長崎に来る。徳川光圀、水戸に寿昌山祇園寺を建て、興儔を請じて開山となす。元禄五年（一六九二）開堂、名声天下に喧伝、雲衲輻輳、一千七万人に及ぶ。九年九月二十七日寂。寿五十七。著作は東皐全集に収めらる。

道白《どうはく》（一六三五―一七一四）加賀大乗寺住持。字、卍山。号、復古道人。備後の人。大乗寺の月舟宗胡に参じて印可を受く。延宝八年（一六八〇）大乗寺住持となる。元禄十二年（一六九九）法系嗣承の紊乱せる弊を改めんことを幕府に訴え、百方尽瘁して、遂に聴許せらる。晩年、山城鷹峰に源光庵を創して居る。正徳四年八月十九日寂。寿八十。著作、禅戒訣註解・宗統復古志・広録。

伝尊《でんそん》（一六四八―一七三五）駿河静居寺の住持。字、天柱。号、滅宗・老螺蛤、紀伊の人。駿河島田静居寺の海音に参じ、延宝五年（一六七七）嗣法、師席を継ぐ。ついで総持寺に晋山。また江戸・近江・阿波・摂津等において衆徒を接化、享保二十年十二月十日寂。寿八十八。法嗣三十一人。著書に、正法眼蔵弁註・海水一滴・報恩編・驢耳弾琴等。

慧印《えいん》（―一七六四）武蔵養光寺の開山。郷貫未詳。字、指月。号、三光老人。武蔵竜淵寺春翁の法を嗣ぐ。武蔵押切の西光寺・小曾根の西光院・川崎の養光寺等を開創。明和元年十二月六日寂。寿七十余。著書、参同契不能語・宝鏡三枚不能語・五位説不能語・普勧坐禅儀不能語

・禅戒篇不能語・坐禅用心記不能語等。

瑞方《ずいほう》（一六八三―一七六九）若狭空印寺住持。字、面山。肥後の人。江戸に遊び、卍山・損翁・徳翁等に参じ、のち損翁に随侍して仙台に赴き、遂に印記を受く。享保四年（一七一九）熊本の禅定寺に住し、ついで若狭の空印寺に還る。また諸方に請ぜられて講席を開く。明和六年九月十六日、建仁寺西来庵において寂。寿八十七。法嗣二十七人。博学宏識、曹洞禅の宣揚に努めた。著作、正法眼蔵渉典録・洞上僧堂清規行法鈔等すこぶる多し。

二

浄土宗。増上寺存応は十八檀林を創設、宗学興隆の素地を作った。門下英才多く、なかんずく、呑竜・廓山・了的・随波等は有名である。かの祐天寺開山祐天は、随波の法孫である。元禄の頃に義山、寛保・寛延の頃に貞徳・関通・普寂・敬首等の諸大徳相続いで輩出した。なお琉球神道記の著者袋中、粉引歌等の作者徳本は、異色ある存在である。

慈昌《じしょう》（一五四六―一六二〇）増上寺中興。字、存応、貞蓮社源誉。武蔵の人。存貞に師事、白旗の正義伝う。天正十二年（一五八四）増上寺住持となる。十八年（一五九〇）豊臣秀吉に招かれ、陣中に法話。同年八月、徳川家康、関東八州の領主となるや、深く慈昌に帰依、ながく師檀たらんことを約す。慶長三年（一五九八）増上寺を現在の地に移転、十年（一六〇五）堂塔伽藍落慶。十五年（一六一〇）後陽成天皇に御進講、普光観智国師の号を賜う。家慶・秀忠の戒師となる。元和元年（一六一五）浄土宗の宗規三十五条を作り、また十八檀林を関東に創設。二年（一六一六）家康薨ずるや、その導師となりてこれを葬し、ついで霊屋を増上寺の境内に建つ。六年十一月二日示寂。寿七十五。門弟、了学・呑竜・貞誉・心阿等。著作、論議決択集・浄土論蔵集・十八通私記等。

袋中《たいちゅう》（一五四四―一六三九）京都法林寺の中興。字、良定。弁蓮社、陸奥の人。能満寺存洞について出家、浄土学・仏教学を精究。五十二歳の時、渡明を志して長崎に至りしが、有司に拒まる。よって疏球に渡り大いに教化を布く。慶長十六年（一六一一）帰国。洛東法林寺を中興。寛永十六年正月二十一日寂。寿九十六（一説八十八）。著作、疏球神道記・浄土血脈論等。

義山《ぎざん》（一六四八―一七一七）鎮西派名越《なこえ》流の学匠。字、良照。号、信阿。京都の人。増上寺の呑誉に師事、ついで下野円通寺の聞証に学ぶ。のち洛東華頂山に庵居。道俗のため宗典その他を講ず。また宗書に魯魚の誤り多きを歎き、経論・章疏を校定す。なおしばしば宮中に召されて宗要を御進講申し上ぐ。享保二年十一月十三日示寂。寿七十。著書、法然上人行状絵図翼賛等。

祐天《ゆうてん》（一六三七―一七一八）増上寺第三十六世。字、愚心。明蓮社顕誉。磐城の人。増上寺の明誉檀通に随侍、一宗の奥義を究む。貞享三年（一六八六）諸国を遍歴、数年の後、江戸に帰り、牛島に幽棲、浄業を修す。道誉大いに揚り、徳川綱吉の帰依篤く、生実大巌寺・飯沼弘経寺・小石川伝通院を経て、正徳元年（一七一一）増上寺に住し、大僧正に任ぜらる。享保三年七月十五日寂。寿八十二。平生受くるところの信施は、ことごとく廃寺の興隆・仏像の修理等に用いた。奈良大仏殿・鎌倉大仏の修補の如き然りである。祐海、祐天寺を剏《はじ》め、仰いで開山とす。

貞極《ていごく》（一六七七—一七五六）武蔵通津庵の学僧。一蓮社立誉。離文。京都の人。山城岡崎の広誉・江戸伝通院の了因等に師事して宗学の蘊奥を究む。のち諸国を遍歴、享保元年（一七一六）江戸に帰り、三河島の通津庵・根岸の四休庵等において法化を布く、浄土宗の伝法に関して、従来の弊風を改めんとして、復古論を唱導した、生涯を通じ、『選択集』を講ずること百余回、親しく化を授けし者八万人という。宝暦六年六月二日寂。寿八十。

徳本《とくほん》（一七五八—一八一八）江戸一行院の僧。名蓮社号誉。号、称阿。世に徳本行者という。紀伊の人。二十七歳、同国往生寺において出家、浄行を修する極めて励精。教養乏しかりしも、修道の徳自ら宗要を会し、大乗の玄理に通じ、道誉遠近に聞こゆ。文化十四年（一八一七）増上寺の典海に請ぜられて江戸に入り、小石川の一行院に住す。文政元年十月六日寂、寿六十一。著書、勧誡・法語・粉引歌等。

三

浄土真宗。まず本願寺派。寛永十六年（一六三九）はじめて学黌を本山に設け、ついで延宝八年（一六八〇）黌舎を東中筋に移し、学林と改称した。初代能化は円雅である。第三代の能化汝岱の時に、学林の学風振い、門下に法霖・智暹現るるに及び、一派の学事蘭菊美を競うの盛観を呈した。法霖は宗学の体系を確立した人として特に注目に値いする。次に大谷派。寛文五年（一六六五）学寮を枳殻邸内に開設、正徳五年（一七一五）はじめて一派の学頭職たる講師制を設けた。初代講師が慧空である。宝暦四年（一七五四）第三代講師慧琳の時、学寮を高倉に移し、黌舎を新築、規模を拡大した。第五代深励。第六代宣明の時代、一派の学事は未曾有の盛観を呈した。深励は宗学の大成者である。

円雅《えんが》（一五八七―一六四八）本願寺派能化第一世。河内光善寺住持、字、准玄。号、願成院。寛永十六年（一六三九）本願寺に学黌を開くに当り、第一代能化職に補せられる。慶安元年五月十六日寂。寿六十。著書、三経大綱。宗派振興の初運に会し、最初の能化にして、宗学の鼻祖である。後、その子・孫、大谷派に転派せるために、能化職を褫奪された。

慧雲《えうん》（一六四四―一七二一）大谷派講師第一世。得岸・光遠房・秀光房。光遠院。近江の人。はじめ叡山に上り天台を学ぶ。後、京都に入り、誓源寺円智に従い、宗乗を究む。延宝八年（一六八〇）京都西福寺住持となる。正徳五年（一七一五）大谷派第一代の講師職となる。享

保六年十二月八日寂。寿七十八。著書、叢林集・感歎鈔等。

汝岱《じょたい》（一六七五—一七三五）本願寺派能化第三世。近江正崇寺住侍。字、若霖。号、桃渓。離塵院。武蔵の人。知空能化に従って宗学の蘊奥を究む。異解を立て、一時宗門より擯出せらる。享保三年（一七一八）第三世能化となる。八年（一七二三）学黌制約七条を定む。二十年九月十七日寂。寿六十一。著作、桃渓遺稿・正信偈文軌等。

法霖《ほうりん》（一六九三—一七四一）本願寺派能化第四世。初名、慧琳。号、日渓・松華子。演暢院。紀伊の人。鷺森御房にて得度、学解の誉高し。のち京都学林に投じ、汝岱能化に師事するや、副講に抛げらる。享保十六年（一七三一）『浄土折衝論』を撰して、華厳宗鳳潭の来難を斥く。ついで『笑螂臂』を著し、鳳潭の所説を駁す。元文元年（一七三六）第四世能化に補せらるるや、学黌を改革、教学の興隆に努む。寛保元年十月十七日寂。寿四十九。著書、浄土折衝論・笑螂臂・真宗秘要等。

智暹《ちせん》（一七〇二—一七六八）播磨真浄寺の住持。号、遊心斎。汝岱につい宗学を修む。宝暦の初め、学林において『浄土論註』、『華厳五教章』等を講じ、その学徳喧伝さる。能化汝岱の寂するや、その後任に擬せられたが、義教の推さるるに及び、汝岱の学風宣揚に努む。明和元年（一七六四）『真宗本尊義』を著して、時に法霖の学説を批判す。時、偶々学林に法霖系の者多く、かつ智暹の声誉、能化義教を凌がんとする情勢にあったため、智暹を非難、同番の頒布禁止を本山に要請するとともに、『本尊義一百問』『百八十難』等を出して反駁した。よって三年（一七六六）門弟を率いて上京、学林の徒と討論した。これを本尊義論争という。解決を見るに至らずして、明和五年五月十四日寂。寿六十七。

深励《じんれい》（一七四九—一八一七）大谷派講師。字、子勗。号、亀洲・垂天社。香月院。越前の人。講師慧琳・随慧の会下に宗学の蘊奥を究め、傍ら豊山の知道・仁和寺の竜山、その他諸宗の碩学について、性相・顕密の学を修む。ついで郷里にかえり、講莚を開くや、遠近の緇素雲集す。寛政二年（一七九〇）擬講に、五年（一七九三）嗣講に、ついで六年（一七九四）講師となる。その後安居の本講を勤むること二十四回、宗学を大成した。文化十四年七月八日寂。寿六十九。著書、宗典の講義多し。

宣明《せんみょう》（一七五〇—一八二一）大谷派の講師。号、巴陵、恵山子。円乗院。加賀の人。高倉学寮に入り、慧琳・随慧に宗乗を学び、後、奈良・初瀬に遊び、倶舎・唯識・維摩・勝鬘等を修む。しばしば安居の講師を勤め、文化八年（一八一一）一派の講師となる。文政四年五月十七日寂。寿七十二。著書、講録多し。

四

日蓮宗。まず日生、談林を創め講経の基を開いた。ついで日珖・日詮・日諦等の学者相ついで輩出した。日珖門下に日重、日亜門下に日乾・日遠がある。日重・日乾・日遠を、日蓮宗中興の三師という。それらの学者はすべて天台学者である。なるほど日蓮宗の教説は、天台思想の開展として理解し得る。しかし天台、まして原始天台そのままではない。従って日蓮宗学としては、天台を補助学として研究する雅慮は好ましいが、いかに幕府の宗教政策に追随するためとは言え、かかる台学心酔は、断じて賞讃すべき態度ではない。かかる教説の逃避・遊離が、その社会面の宗教を著しく低調化・迷信化せしめて居る。かかる台学心酔の時代に、宗風の維持、革新に努めた日奥・日政・同講・日導をもつことは嬉しい。日奥・日講は、寸毫の歪曲なく日蓮宗の破邪顕正保存に玉砕した人、また日政は深草に隠棲、内観と修行との一致に精進せる人、なお日導は、『祖書綱要』を著し、台学心酔の夢を破った人である。

日詮《にっせん》(―一五七九)三光勝会の一。山王院と号す。壮年、南都北嶺に遊学、唯識・教観を究む。後、堺に至り、日諦・日珖等と三光勝会を結ぶ。天正七年七月二十五日寂。

日諦《にったい》(―一五八五)三光勝会の一。常光院と号す。壮年にして南都北嶺に遊び、唯識・教観を究む。後、日珖・道誉を慕い、招いて講経せしむ。日珖・日詮と遊交を結び、某年、ともに『法華文句』を輪講す。世呼んで三光勝会という。門人日厳の聴講筆録せるが、謂ゆる『三六無師書』である。天正十三年八月二十一日寂。

日生《にっしょう》(一五五三―一五九五)日蓮宗講経の鼻祖。字、慧教。教蔵院と号す。播摩の人。京都立本寺の日経に師事、ついで叡山に学び、天台の蘊奥を究む。下総の飯塚談林に請ぜられて講経、のち同国に飯高談林を開き、また京都に松崎談林を創む。立本寺第九世となる。文禄四年七月二十四日示寂。寿四十三。

日珖《にちこう》（一五三二―一五九八）和泉妙国寺の開山。仏心院と号す。堺の豪商油屋常言の子。頂妙寺の日沾《にってん》に師事、三井勧学院の宥尊に就いて、倶舎・唯識を学び、ついで南都に戒律を受け、また京都南禅寺に禅を修め、更に叡山に上りて天台を究む。また卜部兼右について神道を習う。永禄五年（一五六二）常言、妙国寺を堺に興し、傍に庠序を構うるや、就て『法華文句』を講ず。時に日詮・日諦等、日珖と毎月交互に主位に居る。時人呼んで三光勝会という。慶長三年八月二十七日寂。寿六十七。著書、神道同一鹹味鈔・宗門真秘要路・当家論義鈔・己行記・徴案書。

日重《にちじゅう》（一五四九―一六二三）京都本圀寺の学僧。一如院と号す。若狭に生る。京都本圀寺において出家。ついで堺に至り、日珖・日諦・日詮等に師事して、天台の三大部を究め、また奈良に遊び、唯識・因明を学ぶ。学成りて帰京、本満寺に住し天台を講ず。本圀寺の大衆、寺内に求法院を設けて延請、続講七年にして三大部を畢る。本満寺に帰り、小庵を結んで隠棲。元和九年八月六日寂。寿七十五。著書、見聞愚案記・和語鈔・崐玉集・同撮要集・空過致悔集・法華神書・立正安国論聞書等。

日奥《にちおう》（一五六五―一六三〇）不受不施派の祖。字、教英。安国院と号す。京都の人。妙覚寺の日典に師事、天台の教義、並びに一宗の奥旨を承く。文禄元年（一五九二）妙覚寺住持となる。四年（一五九五）九月、豊臣秀吉、大仏妙法院に千僧供養会を修し、各宗の僧各々一百名を招請せる際、彼は、不受不施の宗規並びに寛正七年の盟約を執して、出仕謗法を主張、供養を却け、去って丹波の小泉に隠棲した。慶長四年（一五九九）徳川家康が催せる千僧会にも応ぜず、遂に対馬に流謫された。配処にあること十三年、十七年（一六一二）赦に遭い帰京せるも、依然不受不施の義を主張、身延・池上の学匠と論難往復した。寛永年中、再び罪せられて対馬に配流された。寛永七年三月十日寂。寿六十六。著書、宗義法制論・断悪正善抄・禁断謗施論等。

日乾《にちけん》（一五六〇—一六三五）甲斐久遠寺第二十一世。字、孝順。寂照院と号す。越前の人。本圀寺の日重に師事す。爾来六年間専ら天台の三大部を修む。ついで園城寺に往きて倶舎を、南都に至りて瑜伽・唯識・律を学ぶ。帰京の後、六条談林の講主となり、本満寺に住す。慶長七年（一六〇二）身延山久遠寺の住持となる。翌年本圀寺に帰り、十四年（一六〇九）再び身延山の山主となる。幾何もなく寺務を辞して西谷に隠棲。某年、山城愛宕郡に鷹峯《たかがみね》談林を創む。寛永十二年十月二十七日寂。寿七十六。著書、宗門大意・西谷名目箇条・宗旨雑記・書捨草・宗門綱格・一筆草等。

日遠《にちおん》（一五七二—一六四二）甲斐久遠寺第二十二世。初名、日珍。字、堯順。号、一道。心性院。京都に生る。本圀寺日重に随って天台を学ぶ。後、南都に遊び、倶舎・唯識、並びに戒律を究む。帰京、東山において『大蔵経』を閲し、鈔録三十巻を作る。その後専ら学徒を提撕す。慶長九年（一六〇四）久遠寺住持となる。山上に立正会を開き、学事の奨励に努む。元和元年（一六一五）再び身延山主となる。後、本門寺に住すること一年、去って鎌倉経ヶ谷に不二庵を結んで隠棲。寛永十九年三月五日寂。寿七十一。著書、三大部随聞等約三十部。

日政《にちせい》（一六二三―一六六八）山城瑞光寺の開山。字、元政。号、好子・不可思議・泰堂・霞谷山人。京都の人。近江彦根の藩主伊井直孝に仕え、石井元政と称す。和漢の群書を渉猟、強記にして文才に富む。二十六歳、妙顕寺の日豊に就いて出家、一宗の、深義を究む。明暦元年（一六五五）山城深草に深草山瑞光寺を開創、自らその開山となる。高弟宣翁を上座に挙げ、相共に法華を行じ、持律すこぶる厳粛を極む。後世これを草山律、または法華律という。寛文八年二月十八日寂。寿四十六。著書、草山集・本朝法華伝・扶桑隠逸伝等。なかんずく『草山集』は、日深の『峨眉集』、日導の『祖書綱要』と併せて、宗門の三大宝策と称せらる。

日講《にちこう》（一六二六―一六九八）不受不施講門派の祖。安国院と号す。京都の人。妙覚寺に入りて宗学を修む。ついで関東に遊ぶ。学成るの後、下野野呂の談林に講席を張り、学徒を提撕、また同国妙興寺の住持となる。常に不受不施の義を宣揚、日述・日院等と共に身延の日境・池上の日豊等に抗し、遂に日境等のために訴えられた。よって寛文六年（一六六六）『守正護国章』一篇を撰びて幕府に献じた。幕府の忌憚に触れ、日向佐土原に流竄され、不受不施の義を禁断された。謫居三十三年、遂に彼はその所信を曲げなかった。元禄十一年三月十日配所において示寂。寿七十三。著書、守正護国章・録内啓蒙等数部。その法伝えられて、大阪秀妙庵に存し、明治に至り、復興を許されて、不受不施講門派という。

日導《にちどう》（一七二一—一七八九）肥後本妙寺住持。号、一妙院。肥後の人。本妙寺にて出家、京都鷹峯談林・下総中村談林に学ぶ。天明四年（一七八四）請ぜられて中村談林の化主となり、『法華文句』を講ず。翌年、一宗の要義を論究せる『祖書綱要』二十三巻を撰ぶ。ついで本妙寺住持となる。寛政元年七月十二日寂。寿六十九。

圭室諦成（たまむろ・たいじょう）

1902年熊本県生まれ。東京帝国大学文学部国史学科卒業。東京帝国大学史料編纂所所員、駒澤大学、熊本女子大学教授を経て、明治大学教授。著書に『葬式仏教』『日本仏教史概説』『道元』『西郷隆盛』『横井小楠』などがある。1966年歿。

廃仏毀釈とその前史　檀家制度・民間信仰・排仏論

刊　行　2018年6月
著　者　圭室　諦成
刊行者　清　藤　洋
刊行所　書 肆 心 水

135-0016 東京都江東区東陽 6-2-27-1308
www.shoshi-shinsui.com
電話 03-6677-0101

ISBN978-4-906917-80-8 C0015

—既刊書—

仏　陀

その生涯、教理、教団

ヘルマン・オルデンベルク著

ニーチェが読んで刺激されたブッダ論。――ブッダ研究の世界的古典。ブッダの歴史的存在と原始仏教の姿を文献的に立証。1881年の初版以来名声を博し、数度の改訂を経て、英語版、ドイツ語版原典は今なおペーパーバックで読み継がれる記念碑的名著。（木村泰賢・景山哲雄訳）　6500円＋税

インド思想から仏教へ

仏教の根本思想とその真髄

高楠順次郎著

何が継承され、何が否定され、何が新たに生み出されたのか。――日本近代仏教学の創始者が、仏教誕生の経緯と当時のインド思想を照らし合わせることで仏教の本質を示しつつ、キリスト教・西欧哲学と比較した仏教の独自性を考察。無神論の宗教である仏教は、希望に生きる宗教ではなく、覚悟に生きる人格完成への宗教であるという立場から、諸法無我、諸行無常、三界皆苦、涅槃寂静の意味を明快に説く仏教入門。　6900円＋税

インド哲学史

宇井伯寿著

宇井伯寿インド哲学史研究の到達点。――仏教はいかなる思想風土において生まれ、いかに画期的な新思想として発展したか。インドの哲学思想全体を「正統婆羅門」と「一般思想界」と「仏教」の三系統に分類し、各々の特質に注意しつつ対照的に論述。岩波書店版『印度哲学史』以後の研究の進歩の結果を示す、宇井伯寿インド哲学史研究の到達点。　6700円＋税

—既刊書—

東洋の論理　空と因明

宇井伯寿著

仏教論理学の精髄。——碩学宇井伯寿による仏教論理学の基本文献。因明を本格的に説く今なお唯一の研究書。竜樹（ナーガールジュナ）『中論』、陳那（ディグナーガ）『因明正理門論』、商羯羅塞縛弥（シャンカラスヴァーミン）『因明入正理論』の翻訳を収録。　5900円＋税

仏教哲学の根本問題

宇井伯寿著

碩学の濃密な仏教理論入門。——キータームの有機的連関が描く、仏教思想の全体像。仏徒でもある近代日本仏教アカデミズムの開拓者が、脱迷信の近代的批判にたえる明晰な叙述により、仏教の根本キータームを総体的に解説する。仏教の「全体を貫く基本的な考え方＝哲学」のハンドブック。　5400円＋税

仏教経典史

宇井伯寿著

経典から見る仏教の思想史。——経典は歴史的に位置づけてはじめてその各々の意義がわかる。仏徒でもある近代日本仏教アカデミズムの開拓者が、脱迷信の近代的批判にたえる明晰な叙述と、信仰と学的研究を峻別した立場で、仏教史理解の第一歩である各経典成立の歴史を体系的に描く基本文献。　6300円＋税

―既刊書―

仏教思潮論

仏法僧三宝の構造による仏教思想史

宇井伯寿著

宇井伯寿の浩瀚な主著『仏教汎論』二巻本を要約した入門篇。――根本仏教から大乗・小乗への分化を経て日本仏教諸宗まで、一見互に矛盾し、ほとんど調和することも不可能かと思われるほど広汎にわたる仏教思想。多岐に及ぶその学説の流れを仏・法・僧の構造で説き、「随機説法、応病与薬」の神髄を示す。

6300円＋税

禅者列伝

僧侶と武士、栄西から西郷隆盛まで

宇井伯寿著

逸話で親しむ異色の禅入門。――禅者中の禅者から禅の影響が見落とされている武人と為政者までを平易に語る。死と向き合うことで道を切り拓いた人間の姿を活写する、一篇一篇が読みきりの短文集。坐禅書の双璧『普勧坐禅儀』『坐禅用心記』によった「坐禅の仕方」（伊藤道海著）と、宇井伯寿の簡潔な仏教信仰論「仏教を信ずる所以」を附録。　6300円＋税

死生観

史的諸相と武士道の立場

加藤咄堂著

死生観史論の古典。キーワード死生観はこの書から始まった。――伝統的議論の終着点／近代的議論の出発点。武士道の価値観を説きながら、その立場を比較文化論的に定位し、科学の時代に武士道死生観を評価する意味のありかを考察。おのおのの死生観を語る先人の生の言葉、詩歌をふんだんに引用。伝統的価値観と今の価値観の分岐点を探るよすがに。（解説・島薗進）

3300円＋税

―既刊書―

清沢満之入門

絶対他力とは何か

暁烏敏・清沢満之著

近年その再評価が著しい近代日本仏教の鋭鋒、その思想と人生。――直弟子の型破りな高僧暁烏敏が、師の思想を日常の言葉でタブーなく平易に語る。倫理道徳を超越する、宗教の真髄。清沢満之を語る（暁烏敏著）清沢満之評論選（清沢満之著・暁烏敏選）清沢満之先生小伝（暁烏敏著）清沢満之年譜（暁烏敏著）

6900円＋税

教行信証入門講話集

暁烏敏著

教行信証の意（こころ）。――ロングセラー『歎異抄講話』の著者暁烏敏が、難解な教行信証を日常に即したゆるい話題で豊かに語る。百二講・千五百枚の大河講話集。「学者達は、聖道門だとか、浄土門の綱格だとかいうことを論じておるが、私はそんな事を論ずるのでなく、一つ一つのお言葉を今日の日暮しの上に味わい、御教えを受けてゆこうと、こんなに思っているのであります。」

7200円＋税

維摩経入門釈義

加藤咄堂著

一文一文に沿い詳細丁寧に読む本格的な入門書。――俗塵にまみれた在家の居士にもかかわらず、釈尊の高弟たちと菩薩たちをやりこめる維摩の啖呵。具体的な行為において何が小乗で何が大乗なのか。生と死、是と非、善と悪、美と醜、垢と浄、世間と出世間、我と無我、生死と涅槃、煩悩と菩提…。「不二法門」を説き明かす。

6900円＋税

—既刊書—

仏教美学の提唱
柳宗悦セレクション

柳宗悦著

美醜の彼岸、自在の美、他力の美。柳宗悦民芸思想の最終到達点、仏教美学とは何か。——従来よく読まれてきた「美の法門」「無有好醜の願」「美の浄土」「法と美」（岩波文庫・ちくま学芸文庫所収） のほかに豊富にのこされている仏教美学をめぐるテキストを集成し、柳の提唱する仏教美学の具体的で多様な諸相を示す。……「人は恐らく、在銘の作を作る時より、無銘の作を作る時の方が心が自由であろう。」 5200円＋税

柳宗悦宗教思想集成
「一」の探究

柳宗悦著

民芸思想の基底をなす、柳宗悦の宗教思想。——理性の近代において、東西を貫いて、宗教的であること。他力教的な独自の民芸思想を生み出す土壌となった、キリスト教、仏教等、東西の宗教を貫く宗教性の核心を考察する、柳宗悦宗教思想の三部作 1200 枚を集成。 7200円＋税

他力の自由
浄土門仏教論集成

柳宗悦著

自他二分の分別を離れ、任せ切り頼り切る自由。——民芸思想家として知られる柳宗悦の根底にある他力の思想、浄土門＝他力門関係の随筆を集成。自己から解き放たれる宗教的な「他力の自由」が民芸の美と同一であり、それこそが真の民衆救済であることを示す、柳宗悦宗教思想の核心。 6900円＋税

―既刊書―

仏教統一論

第一編大綱論全文　第二編原理論序論　第三編仏陀論序論

村上専精著

異色の総合的仏教入門。——日本近代仏教学のパイオニアによる問題の書。未遂のプロジェクト、仏教統一とは何か。諸宗派対立の視点をこえて、仏教諸説の全体的構造を示す。「八万四千の法門」をもつ仏教の森で迷わないためのガイドブック。

5700円＋税

綜合日本仏教史

橋川正著

文化的・政治的側面を重視した個性的な仏教史。——いま最もポピュラーな日本仏教史の本である新潮文庫版『日本仏教史』（末木文美士著）の文献案内で「文化史的な視点から書かれた新鮮さをもつ」と紹介されている基本的研究書。　6800円＋税

医術と宗教

富士川游著

ユニークで明快な宗教論。——なぜ「医学と倫理」ではなく「医術と宗教」なのか。空前絶後の大業績『日本医学史』で日本医史学を確立した富士川游が説く、近代的医療観と現代的状況への根本的批判。最新の実践科学であると同時に生命の救済行為でもある医療をめぐって、救済と技術の関係を問う。

3300円＋税

—既刊書—

明治仏教史概説

廃仏毀釈とその後の再生

土屋詮教・辻善之助著

何があったのか？ 現代日本仏教の出発点。——徳川三百年のあいだ伝統と保護とに鼾睡して来た寺院僧侶が突然食らった廃仏毀釈の巨弾。その強烈なる刺戟によって反省自覚し始めた、現代日本仏教出発点の歴史を史料をまじえて解説する。土屋詮教著『明治仏教史』の全文と、辻善之助著『明治仏教史の問題』第一題の合冊版。 6300円＋税

上世日本の仏教文化と政治

導入・展開・形式化

辻善之助著

仏教はどのように日本に根付いたのか。日本の仏教はなぜそのようなありかたをしていたのか。——日本の仏教の国家的な性質はなにゆえのものか。出世間的であるべき仏教がなぜ世間的になったのか。——仏教の導入から展開への具体的史実がその問いへの答えを示す。史料の記述が豊富に本文に織り込まれて読みやすく、具体性に富んだ、仏教文化史研究における圧巻の古典的研究書（『日本仏教史』第一巻「上世篇」）の抄録読本版。 7400円＋税

日本仏教文化史入門

辻善之助著

実証主義仏教史の金字塔『日本仏教史』全十巻の要約版。——確かな実証、面白い話題、とらわれない立場からの批評。「日本文化と仏教の関係を論ずることは、すなわち日本文化史のすべてを論ずることになる」という立場の著者による、日本仏教文化史の概観。 6400円＋税